ÉLOGE

DE

LAVIGUERIE,

PRONONCÉ PAR M. AUG. ALBERT,

A l'Ouverture des Conférences,

POUR L'ANNÉE JUDICIAIRE 1843-1844;

Imprimé aux frais de l'Ordre des Avocats
de la Cour royale de Toulouse, à suite de la délibération du Conseil de
Discipline du 30 mars 1844.

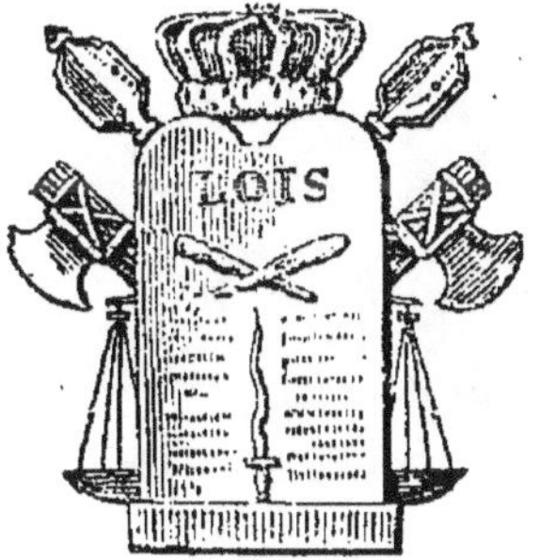

TOULOUSE,

IMPRIMERIE D'AUG. DE LABOUISSE-ROCHEFORT,

HÔTEL CASTELLANE.

—

1844.

ÉLOGE

DE

LAVIGUERIE,

PRONONCÉ PAR M. AUG. ALBERT,

A l'Ouverture des Conférences,

POUR L'ANNÉE JUDICIAIRE 1843-1844;

Imprimé aux frais de l'Ordre des Avocats
de la Cour royale de Toulouse, à suite de la délibération du Conseil de
Discipline du 30 mars 1844.

TOULOUSE,

IMPRIMERIE D'AUG. DE LABOUISSE-ROCHEFORT,

HÔTEL CASTELLANE.

—

1844.

LAVIGUERIE [1].

VIR JUSTUS.
Actus Apostolorum, caput X, v. 22.

MESSIEURS,

Les traditions sont la gloire et la vie du barreau. C'est par un hommage publiquement rendu aux grands souvenirs du temps passé, que les chefs de l'ordre viennent chaque année inaugurer la reprise de nos conférences. Il n'y a pas de préceptes meilleurs que les illustres exemples qu'ils nous offrent en modèle, pour nous apprendre combien les talens, les vertus de nos devanciers nous *obligent*,

---

(1) «.... Sous le titre d'une des plus modestes, mais des plus glorieuses » vies de jurisconsulte, l'auteur, signalé parmi les avocats stagiaires au » choix du chef de l'ordre, a su faire l'histoire complète de notre barreau » pendant près d'un siècle, depuis la naissance de M. Laviguerie jusqu'à » sa mort (c'est-à-dire, de 1735 à 1829). Il l'a fait, sans que le but » général de son œuvre ait nui aux détails, aux particularités biographi- » ques, si pleines d'intérêt, du *dernier* des avocats consultans de Tou- » louse.

» Cette biographie a été racontée, les 7 et 14 décembre 1843, à la » conférence générale des avocats, en présence de tout le barreau, de » quelque smagistrats, et du chef du parquet, qui, n'en voulant rien » perdre, s'était rendu deux fois pour la recueillir tout entière. Elle » contient des enseignemens religieux, politiques, moraux, qui se recomme disaient autrefois, de la noblesse des aïeux, ceux qui savaient la comprendre. Ainsi, l'imagination s'anime et les pensées grandissent à ces nobles récits que la plupart d'entre vous ont pu entendre, et qui firent tour-à-tour passer sous vos yeux trois glorieuses figures, réunies par le dévoûment dans une défense solennelle, je veux parler de trois hautes renommées que la magistrature et le barreau revendiquent à l'envi : l'orateur DESÈZE, type admirable du courage civil ; le sage MALESHERBES, l'un des plus beaux noms que la vertu ait jamais porté sur la terre, et ce TRONCHET, proclamé *le premier jurisconsulte de la France* par le plus grand des législateurs (1) !

» trouvent et se produisent précisément dans un moment salutaire et
» plus opportun que tout autre pour les recevoir. Si la première partie
» du discours que nous publions aujourd'hui, embrasse davantage les
» considérations générales, les vues historiques, la seconde partie revient
» presque entièrement à *Laviguerie.* C'est dans celle-ci que se rencon-
» trent les détails curieux, le récit des actions touchantes, le tableau
» des habitudes fortes, pures et tranquilles du jurisconsulte par excel-
» lence. On y respire comme un parfum de l'homme antique, épuré et
» relevé encore par tout ce que les croyances et les pratiques catholiques
» impriment de consistance et de rectitude à l'esprit, au caractère, de
» probité rigoureuse, de beauté sereine et grave, de désintéressement,
» de douceur.

» La vie de M. Laviguerie est véritablement une belle page de nos
» annales judiciaires. Il eut été regrettable de la voir retenue plus long-
» temps dans l'obscurité. C'est donc un de ses beaux titres que l'auteur
» de ce travail a rendu au barreau. Notre recueil, destiné à retracer les
» faits importans du pays dans l'ordre judiciaire, ne pouvait laisser
» passer, sans la reproduire, l'histoire, en quelque sorte domestique,
» des avocats toulousains, depuis un siècle. Il serait à désirer que les
» diverses cours auxquelles il s'adresse fissent à leur tour un semblable
» travail. Le Midi n'aurait pas besoin d'une autre histoire judiciaire.... »
(*Extrait du* Mémorial de Jurisprudence. *Note du directeur.*)

(1) Discours prononcés aux séances solennelles du 12 décembre 1839, par Me Grenier de Cardenal ; du 3 décembre 1840, par Me Eugène Peyrusse, et du 12 avril 1842 par Me Gustave Desclaux.

Mais la leçon ne serait pas complète, si nos éloges se bornaient à célébrer la mémoire de ces élus de la fortune, que, par une rare exception, les hasards de leur destinée ont placé sur une scène retentissante. Dans la carrière judiciaire, les mérites sont aussi divers qu'ils peuvent être immenses. Plus près de nous se trouvent des hommes de savoir et d'étude, moins exposés à la gloire, mais qui ont aussi rendu à leurs concitoyens les services éminens du jurisconsulte ou du magistrat. La faute des choses humaines, plutôt que la leur, les a laissés dans l'ombre : forcés de circonscrire l'horizon de leurs travaux, et de se marquer à eux-mêmes le but, ils sont d'autant plus dignes d'estime et d'honneur, que moins d'éclat les environne. Ceux-là, des rapports plus nombreux, des liens plus intimes les rattachent à nous, outre les sympathies domestiques et le devoir d'une reconnaissance presque filiale. C'est parce que le tableau de leur existence doit fournir un sujet plus fécond en enseignemens pratiques, et en applications utiles, qu'il convient davantage par sa simplicité même à une fête toute d'intérieur, au huis-clos de cette conférence.

Pour la solennité d'aujourd'hui, l'honorable président de nos exercices (1) a fixé son choix sur un membre de notre ancien barreau, qui fut à la fois un jurisconsulte érudit et un homme de bien. Il a voulu par là nous rappeler ce qu'on doit de respect aux talens sévères, aux pénibles études, aux succès laborieux. Telle est la dette que vos bienveillans suffrages m'ont confié le difficile honneur d'acquitter. Je vais donc essayer de faire revivre à vos regards une célébrité modeste sans doute, mais une illustration toute toulousaine, qui est pour nous un bien de famille. Vie calme, studieuse, unie, sans bruit, sans

---

(1) Me Mazoyer, bâtonnier.

aventures, et, pour ainsi dire, toute de recueillement et de travail, elle compte moins de faits que de vertus; elle ne frappe pas l'imagination par le spectacle et l'intérêt de la place publique, mais elle offre à l'esprit les leçons autrement profitables du cabinet et des affaires. Intelligence spéciale et pratique avant tout, celle-ci s'est renfermée dans les études de notre profession qui fut l'amour exclusif et qui fit le bonheur d'une noble existence. A choisir dans les hautes régions du Barreau, entre toutes les gloires d'ici-bas, on en trouverait facilement de plus éclatantes, mais non pas une plus honorable ni plus pure. Nul n'a été grand d'une façon plus touchante, plus naturelle, plus naïve. Vous avez tous nommé LAVIGUERIE..... Puisse la faveur qui s'attache encore à ce nom, malgré quatorze années de silence, me faire pardonner quelques prédilections provinciales; puisse le charme des souvenirs locaux vous inspirer, Messieurs, quelque retour de sympathie pour les antiques institutions et les mœurs d'autrefois, qui s'effacent beaucoup trop peut-être dans notre France centrale.

Déjà une appréciation consciencieuse et habile nous avait fait connaître un de ces hommes privilégiés que notre barreau de province cite avec orgueil, et dont la vie mérite qu'on la raconte (1). Moins heureux que le panégyriste de Furgole, je n'ai pu méditer les ouvrages de celui qui n'a point légué à la science le soin de conserver sa renommée. Pour reproduire une image fidèle, j'ai dû recueillir les souvenirs de ses disciples, de ses admirateurs, c'est-à-dire, de tous ceux qui l'ont connu; et d'une foule de circonstances éparses, livrées par leur pieuse mémoire, se compose la simple histoire que je viens répéter dans cette enceinte.

____

(1) Eloge de Furgole, par M⁀ Vignau; décembre 1838.

En présence d'un caractère si touchant, de mérites si utiles, d'une vie si parfaite, j'éprouve plus vivement le désir de faire entendre un récit simple et vrai. Le faste oratoire ou les louanges longuement préparées tromperaient l'intention modeste de cet hommage de famille. Pour loüer dignement le plus humble et le meilleur d'entre les hommes, la parole doit offrir un reflet de ses douces vertus.

La naissance de Jean-Baptiste LAPOMARÈDE de LAVIGUERIE nous reporte à cette première période du XVIIIe siècle, qui prépara une révolution dans les idées et dans les croyances contre la vieille société française. C'est l'époque où commence la royauté sceptique de Voltaire, où le parti philosophique devient le plus influent. A la faveur des scandales de Versailles et des mollesses corrompues d'une légère cour, mille nouveautés étranges travaillent hardiment à briser la pensée religieuse, à détrôner la foi dans le pouvoir. La famille, la terre, le gouvernement, la religion, tout était mis en question et en jeu..... Mais ces moyens actifs de désordre n'existaient pas avec la même force en province; le sol n'y tremblait point encore. Isolée plus qu'aucune autre du mouvement social, une noble et opulente cité, Toulouse, s'éloigna long-temps du contact des mœurs nouvelles. Aux jours brillans du moyen-âge, elle avait été la capitale d'un état puissant; et les pieuses idées d'un autre siècle semblaient y régner encore. Là vivaient d'honorables familles qui surent se conserver toujours pures et austères. C'est au milieu d'une d'elles que, le 20 juillet 1757, naquit Laviguerie. Héritier d'un nom respecté au barreau, il devait l'environner d'une considération plus grande.

Ses mœurs, sa vertu, son savoir, se formèrent sous les plus heureuses influences. Au foyer paternel, riche d'exemples à suivre et de modèles à étudier, il puisa ces premières impressions de l'enfance que le temps n'efface qu'avec peine. A son entrée dans la vie de l'intelligence, il fut confié aux mains les plus habiles à élever la jeunesse : il vint chez les Jésuites suivre ces précieuses leçons auxquelles on ne peut comparer l'érudition d'emprunt ni les méthodes superficielles de nos jours. Ses belles années s'écoulèrent dans ce savant institut, dépositaire des bonnes doctrines, qui balançait la réputation des Doctrinaires de l'Esquille, et pour lequel on désertait tous les colléges du midi de la France. Ses études classiques y furent couronnées par des succès précoces, toujours de bon augure, s'ils ne donnent pas un gage assuré de fortune et d'avenir. Cette formule d'éloge, presque banale, doit être rappelée en l'honneur de Laviguerie, parce qu'elle exprime pour lui l'exacte vérité. Au nombre de ses condisciples se trouvait le jeune d'Olive, devenu plus tard son collègue dans la magistrature. Parmi les enseignemens qu'ils reçurent à l'hôtel de Bernui, on aime à rappeler le cours de rhétorique de Théodore Lombard : ce poëte des Jeux-Floraux professait alors avec éclat la belle latinité dans la même chaire où la veille encore l'illustre Vanière célébrait en vers élégans, d'une harmonie virgilienne, les délices de la vie champêtre. Grâce à ses dispositions sérieuses, le jeune humaniste dut se montrer avec plus d'avantage à cet autre cours qui n'orne pas seulement l'esprit, mais qui fait éclore et mûrir les premiers fruits de la raison. Il fit sous le père Lacaze ces fortes études de philosophie, aujourd'hui languissantes et presque abandonnées. En même temps il associait les bons principes aux bonnes études; et, s'il avait apporté cette rectitude de cœur qui fait aimer le bien, il contracta auprès du père Noailhan, le guide et l'ami de sa vie entière, cette fermeté de caractère qui le fait pratiquer. Tant de mérites et des qualités si solides semblaient le désigner d'avance comme un successeur de ses maîtres. Frappée de ces excellentes aptitudes, la société de Jésus qui se connaissait en hommes supérieurs, chercha en effet à s'attacher un écolier d'aussi grande espérance. Mais Bernard de Laviguerie, avocat distingué au parlement dans la consultation, capitoul estimé à l'hôtel-de-ville, pressentit pour son fils de plus rapides triomphes dans une autre carrière : il le dirigea dès ses plus jeunes ans pour le consacrer au culte de la justice. Avide de seconder les projets paternels, Laviguerie avait dédié à l'ordre des avocats de Toulouse une thèse générale de philosophie : il la soutint avec distinction, et par ce succès couronna ses études de la manière la plus brillante.

Echappé aux Jésuites, notre lauréat de collége conserva sa supériorité dans le long apprentissage de la législation. Il prenait ses inscriptions et ses grades à son université natale. Cette antique métropole du droit jouissait d'une réputation si méritée, que le parlement de Paris la consultait souvent sur les questions les plus graves. Pendant les trois laborieuses années de son cours, Laviguerie s'instruisit à l'école des dignes successeurs des Accurse, des Doujat, des Boutaric; il y recueillit entre autres les savantes leçons de l'agrégé Ruffat qui l'initia à la connaissance importante des lois romaines. Ces maîtres habiles lui apprirent à les surpasser. Les travaux d'alors ; moins profonds, mais plus étendus, plus difficiles, n'étaient pas ce qu'on les a vus devenir depuis, par l'inappréciable bienfait d'une législation unique, classée dans un ordre aussi lucide que rationnel. Le légiste avait besoin de s'armer de patience et de courage, pour débrouiller la plus vaste des sciences sociales, non codifiée ou mal codifiée. Il devait consumer ses premières veilles dans les immenses compilations des lois romaines, véritable chaos où les *Pandectes* de Pothier venaient à peine de porter la lumière. Cette base de l'ordre civil pour nos pays de droit écrit se modifiait par une foule de statuts locaux ayant force de loi dans ce ressort, et encore par les édits vérifiés au parlement, essais partiels d'uniformité. Ainsi se composait le droit commun du Languedoc. Puis venait la science religieuse des décrétales et des canons, puis la redoutable matière des fiefs. Il ne fallait pas non plus demeurer étranger aux principales coutumes divisant les autres provinces. Enfin l'art de la pratique réglé par les anciennes ordonnances, présentait, comme un arsenal de formes et de détours inextricables, cette procédure du bon vieux palais, dont nous ne pouvons aujourd'hui concevoir l'idée. Mais les habitudes studieuses et régulières du jeune étudiant l'avaient préparé de bonne heure à l'austérité de son état. Le goût de ces travaux sévères révélait en lui tous les caractères d'une vocation décidée ; l'âge mûr s'y montrait avant le temps. Tout entier à la bienfaisante passion de l'étude, l'élève en droit fuyait la société des salons et les dissipations du monde, ignorant ses fêtes, ignoré de lui. Dans le secret de sa retraite et de sa préparation, il sondait patiemment toutes les profondeurs des choses divines et humaines dont il cultivait la science.

Lorsqu'il parvint au terme de ce long cours d'études auquel est assujettie la jeunesse qui se prépare aux professions savantes, notre compatriote échappait à peine aux jours de l'adolescence. Deux carrières s'offraient à son avenir. C'était d'abord la magistrature, apanage envié des premières maisons du pays ; car le Parlement était resté à tous les yeux le dernier symbole visible de l'indépendance nationale. Combien cette grande juridiction, recommandable par le nombre, le savoir et la position élevée de ses membres, était à ce moment puissante et respectée ! Son immense ressort, plus étendu même que celui de Paris, embrassait, des Pyrénées aux portes de Lyon, près d'un tiers du royaume. Dans ce vaste rayon se développait une forte aristocratie, un patriciat populaire, au cœur duquel le souvenir de la nationalité provençale vivait encore avec énergie. La ville qui lui servait de siége était le centre de réunion de cette vieille noblesse. Toutes les grandes races du Languedoc figuraient parmi les membres du sénat parlementaire qui a été une des plus hautes illustrations de ce pays ; et dans son sein, les mêmes noms, les plus beaux, reparaissent entourés d'un éclat qu'ils conservent encore. Certes, sa naissance, son éducation, une fortune honorablement acquise et le crédit de sa famille, donnaient à Laviguerie le droit d'y marquer sa place. Déjà les vœux d'un oncle lui réservaient une charge de conseiller…. Mais, d'un autre côté, la noble profession que son père et son aïeul avaient honorée, souriait à ses désirs. On a souvent remarqué un même caractère d'esprit aux personnes du même sang, comme s'il y avait dans les familles transmission héréditaire d'une certaine nature d'intelligence. Placé dans cette alternative, le choix de Laviguerie ne fut pas un instant douteux. Il se fit recevoir avocat.

Heureux jeune homme ! Il n'arrivait pas au barreau comme sur une terre inconnue. Il entrait dans cette carrière, escorté des traditions paternelles, recommandé par des services de longue date. Ce père éclairé, désireux de former un héritier qui fût digne de porter le poids de son nom, lui marquait le but et lui enseignait lui-même comment il devait être atteint. Ses premiers conseils avaient affermi, par les réalités de la pratique, les connaissances théoriques que l'étudiant acquérait à l'école de droit. Plus tard, et quand son fils fut pourvu de sa licence, Bernard de Laviguerie lui facilita la *triture* des affaires, suivant l'énergique expression du palais : il parcourut avec lui le labyrinthe des procès, lui confiant la rédaction de quelques écritures, livrant aux flammes, sans miséricorde ni indulgence, ceux de ces mémoires où manquaient la méthode, la précision, la clarté. Ainsi s'aplanirent devant ce jeune homme les aspérités du début ; ainsi lui furent épargnés les ennuis de l'incertitude et ces peines morales inévitables durant les heures lentes et stériles du noviciat juridique. Il ne fut pas exposé à sentir chanceler sa foi et son cœur prêt à faillir, en face des découragemens prématurés qui suivent le rêve trompé d'un présomptueux avenir. Du reste, il sut profiter à merveille des nombreux avantages que la nature lui avait si libéralement départis ; et les exemples qu'il a laissés rehaussent aujourd'hui l'éclat de ceux qu'il avait reçus.

A peine âgé de vingt-un ans, Laviguerie, revêtu d'un titre plus brillant que solide à cet âge, se présenta au Parlement pour prêter son serment d'avocat. C'était l'époque de ces grandes audiences dont une voix, souveraine dans ce palais, célébrait avec tant de bonheur, à la dernière rentrée, les solennités magnifiques (1). L'illustre Cour, sédentaire à Toulouse depuis trois siècles, déployait sous le premier président de Maniban un éclat peu ordinaire. Aussi les sympathies populaires étaient-elles acquises aux magistrats siégeant sur les fleurs-de-lis. Le peuple aimait leurs réunions imposantes dont l'appareil lui rappelait les anciennes splendeurs, et la majesté qui régnait au Parlement dans les occasions importantes, et la dignité qui signalait tous les actes de cette juridiction. Pour la cité des capitouls, veuve de ses grandeurs politiques, le Parlement représentait la vieille gloire du Midi, la seule qui la consolât dans ses jours de décadence. Ville de négoce, elle ne l'était pas encore : le commerce, cet élément secondaire de puissance au milieu de la société du XVIIIe siècle, languissait, sans essor, dans l'enfance, chez nos pères,

____

(1) Discours d'installation de M. le premier président Legagneur ; novembre 1843.

dont l'industrie se bornait à la consommation locale. Quant aux honneurs littéraires, la cité Palladienne les avait brillamment conquis autrefois : mais, depuis, elle se reposait un peu sur les souvenirs des troubadours, imitant ces héritiers d'un grand nom, ces fils de famille insoucieux et prodigues, qui jouissent en paix des mérites et de la fortune de leurs ancêtres.......

On était en 1758. La fréquentation des audiences devint pour notre stagiaire l'école la plus instructive. Quand il fit son éducation de palais, on citait ce barreau parlementaire comme le second de France. Cette date est marquée en effet par de belles renommées d'avocats. D'excellens esprits, habiles en affaires, de savans légistes, des praticiens consommés, soutiennent et justifient cette réputation périlleuse. A la barre règnent et parlent l'éloquent Taverne; Carbonnel, son rival heureux; Faget, que ses premières causes placèrent aux sommités de la plaidoirie; Sudre, qui allait bientôt gagner tant de suffrages par sa courageuse défense de l'infortuné Calas. Dans les paisibles travaux du cabinet se font remarquer et suivre, le vénérable Courdurier, Jouve, Arexy, Sénovert, Albaret, Mascart, tous anciens bâtonniers, et plusieurs autres encore, célèbres alors, obcurs aujourd'hui; tant il est vrai que la gloire de l'avocat se compose de triomphes passagers et fugitifs qu'un jour efface, et que le lendemain oublie!... Auprès de ces maîtres de l'ordre, Desirat et Monyer commençaient leur carrière; et Gary partageait son intelligente jeunesse entre la société des salons et le monde des affaires. On compte cependant parmi ces notabilités plus de jurisconsultes recommandables en pratique et en droit, que d'hommes d'éloquence. Déjà un dédain intéressé proscrivait au barreau de Toulouse les avocats-littérateurs : la bazoche leur a de tout temps refusé l'entente absolue des affaires; opinion, permettez-moi de l'observer en passant, qui n'a de respectable que son antiquité. C'est en vain que, peu d'années auparavant, des avocats de mérite, Montaudier et Lardos dans leurs plaidoyers, Cormouls dans ses mémoires, luttant contre le préjugé, avaient voulu remettre en honneur au palais les études littéraires. Il fallait à Verny, le brillant orateur des audiences solennelles, toute l'utilité de ses vastes connaissances, pour qu'on lui pardonnât la facilité et le charme de ses excellens vers. Aux jeunes légistes, sortant de l'ombre des écoles pour affronter l'éclat du barreau, on rappelait le triste et récent exemple de Mᶜ Duclos. Cet orateur semblait doué par la nature pour devenir un avocat de première ligne : mais ses moyens oratoires, trop prodigués, lui ayant aliéné la confiance des procureurs qui disposaient des emplois, le malheureux, abandonné des cliens, avait fini ses jours dans la misère. Leçon terrible pour les débutans ! Toutefois, elle n'empêchait pas Lacroix de sacrifier aux muses, ni ses confrères, nouveaux venus, tels que Jamme, Gez, riches aussi des trésors de la littérature, de réconcilier le talent de la parole avec la force de la raison.

Hâtons-nous de le dire, Laviguerie, par ses instincts positifs, faisait contraste auprès des facultés brillantes qui distinguèrent ceux de ses contemporains d'étude que je viens de nommer. Assez judicieux pour reconnaître sa vocation, assez sage pour écarter les séductions qui en détournent, il n'a jamais recherché les prestiges de l'éloquence ni les vanités de l'art oratoire. L'austère simplicité de son intelligence le rapprocherait plutôt du savant jurisconsulte, à ce moment l'honneur du barreau toulousain, qui cachait sous la simple robe les vives lumières de la science. C'est avec le bon Furgole que Laviguerie présente de frappans rapports d'esprit et de caractère. Modeste à l'excès, comme *le législateur des testamens*, il refusa les causes d'audience. La timidité faisait à tel point le fond de sa nature, qu'il ne voulut jamais descendre dans l'arène judiciaire. Les hasards, l'imprévu de ces luttes, répugnaient à son organisation circonspecte. Ce n'est pas qu'on vît fleurir dès-lors l'improvisation de la plaidoirie, cette grande innovation de l'école moderne. Non, sans doute ! A la différence des avocats de nos jours, forcés de suivre la pensée du juge qui veut s'éclairer le plus vite possible, les avocats de ce temps écrivaient d'avance, à loisir, leurs plaidoyers presque en entier. Duroux, par exemple, l'un des plus employés, esclave de son brevet, mettait rarement le cahier à l'écart pour se livrer aux chances de l'inspiration; on ne l'entendit guères improviser que dans ses répliques.... Toujours est-il que l'attaque soudaine et la prompte riposte étaient même alors des armes nécessaires au combat de l'audience. Mais les souplesses de la discussion et ces allures rapides allaient peu aux fortes têtes du Rouergue, faites d'abord pour la réflexion, pour la maturité. Peut-être aussi les bruyans débats répugnaient-ils à l'ame timide et délicate de Laviguerie. D'ailleurs l'organe indispensable à l'avocat plaidant lui faisait défaut : la faiblesse de sa voix la rendait impuissante à faire retentir les voûtes du prétoire. Il laissa donc la défense orale aux orateurs pleins de faconde, que fournissaient le Languedoc et la Gascogne, hommes d'élan et d'imagination vive, à la parole active, à l'intelligence plus *méridionale*, s'il est permis de s'exprimer ainsi. Pour lui, se vouant au rôle ignoré qui sauvegardait ses habitudes tranquilles, il préféra constamment à l'agitation de la barre le travail sédentaire du cabinet.

A chaque époque sa physionomie et ses lois. De nos jours, les mœurs du barreau diffèrent assez des coutumes judiciaires de cet âge. Assurément, les principes de la profession demeurent les mêmes, éternels comme la vérité, immuables comme la justice; mais la forme en a été complètement renouvelée. La tâche de l'avocat d'autrefois se composait de trois travaux distincts : la plaidoirie, et ses deux puissans auxiliaires, la consultation et les écritures. L'avocat-consultant était de tous le plus estimé ; le jurisconsulte par excellence. Le plus souvent, le cabinet servait de glorieuse retraite, à la suite d'un long exercice à l'audience. Quant à ceux qui aspiraient directement à ces fonctions essentielles du barreau, ils avaient pour noviciat indispensable le genre d'occupations connu sous le nom d'écritures. La plupart des causes considérables étaient renvoyées à l'instruction sur rapport. L'avocat-instruisant rédigeait la défense dans une foule de factums grossoyés, disparus de nos codes avec la clandestinité de ces procès. Plusieurs membres de l'ordre se trouvaient justement accrédités pour ces compositions, si fort en harmonie avec les instincts réfléchis de l'époque. Laviguerie prit rang parmi eux. Bientôt il s'y montra en maître. Dans cette pratique, inconnue du monde, plus d'apparat, peu de victoires pour la vanité, rien qui l'exposât au péril d'une réputation imméritée. Aussi le talent laborieux de notre jurisconsulte n'offre-t-il pas, à proprement parler, de début.

On ne l'aperçoit guère d'une manière distincte que dix années plus tard. La meilleure partie de sa jeunesse se consume dans les veilles ignorées et les méditations consciencieuses. Doué des qualités éminentes qui apprennent à chérir la solitude, il se renferme avec les vieux auteurs; travailleur infatigable, il amasse lentement, mais solidement, ses provisions de science, pour conquérir l'avenir. Aussi bien, les intérêts les plus chers, le sort de la fortune, le soin de l'honneur, ne se confient pas témérairement. Les études persévérantes font seules les réputations durables dans notre carrière de travail et de lutte. Ce sont là les seuls moyens de s'avancer que puisse hautement avouer la dignité de la profession : Laviguerie n'en employa jamais d'autres. Des succès plus multipliés qu'éclatans posèrent les fermes assises de sa renommée. Des écrits pleins de raison le mirent peu à peu en évidence. Des mémoires sur procès, des consultations judicieuses, vinrent déposer de son talent de discussion. Ses premiers travaux furent remarqués ; ils méritaient de l'être, s'il les faut juger par ceux qui ont survécu au besoin des causes qui les firent éclore. Une clientelle nombreuse commençait à se former autour de lui, lorsqu'il hérita de celle de son père, à qui les suffrages du Parlement et la confiance du monarque, donnaient, en échange de son cabinet de consultations, une chaire de droit français à l'université de Toulouse. Dès-lors arrivèrent en foule les affaires importantes, et le renom de sa science, rehaussé par une rigoureuse probité, ne fit plus que s'accroître durant le cours de sa longue carrière.

Ce premier période, où se place le point de départ de Laviguerie ne présente, pour ainsi dire, d'autres événemens que les épisodes du foyer domestique. Ce jeune homme qui l'avait été si peu, fixa de bonne heure son avenir. L'étude lui avait donné une maturité si précoce, qu'à vingt-cinq ans il entrait dans la vie de famille. Une femme selon son cœur vint compléter son existence ; et ce mariage, fondé sur une conformité parfaite de sentimens, heureux par l'accord et l'égalité des vertus, lui fit apprécier les tendresses sérieuses comme le dévouement, les jouissances calmes comme le devoir, que le Ciel attache à cette condition de la vie humaine. Il devait à la pureté de ses mœurs, régulières jusqu'à l'austérité, le culte des affections domestiques et la science des joies intérieures. Ses goûts paisibles, bornés, ses mœurs patriarcales, lui tracèrent les plans d'un bonheur intime et sans éclat. Renfermé dans ce sanctuaire respecté, il partageait le temps entre les efforts de l'intelligence et les affections du cœur ,

2

entre ses livres, les affaires et sa naissante famille. Son ambition ne concevait rien au-dehors, rien au-delà.

Dix années, les plus belles de son bonheur, coulèrent rapidement dans cette douce paix auprès du foyer, qui remplace toutes les félicités du monde, et qui les dépasse si bien. Maître d'une position libre et glorieuse, jouissant d'une place marquée au barreau, où son influence allait croissant désormais, il lui était permis d'entrevoir un avenir plein de sérénité. Mais les douleurs de famille frappèrent Laviguerie au milieu de ses illusions enchantées et de ses espérances. D'un premier coup, la mort vint le séparer de l'épouse de son choix qui faisait le charme de sa solitude. Trompé dans ses rêves les plus chers, il resta généreusement fidèle à la mémoire de sa digne compagne et au souvenir d'une première union. Sa piété conjugale ne voulut se consoler d'un austère veuvage que dans les soins et les devoirs de la paternité. L'amour paternel versait à son cœur des trésors de résignation : ce fut son bouclier contre le désespoir dans cette circonstance difficile... Hélas! le deuil était entré dans sa maison. Un an plus tard, sa piété filiale fut réservée à une rude affliction, soumise à une nouvelle épreuve. Il eut à déplorer la perte de son père. Douleurs profondes et durables! Au milieu de tant de maux, la religion put seule lui apprendre leur volupté amère, et sa foi, lui faire savourer à loisir la mélancolie des regrets. Pour combler le vide immense que laissaient dans son âme tant de biens perdus ensemble, il rendit ses habitudes plus laborieuses encore, il poursuivit au sein de la retraite, avec plus d'ardeur que jamais, le cours de ses patientes études.

Un instant, la carrière de notre modeste jurisconsulte fut placée dans un jour plus digne de sa haute intelligence. Le bruit des querelles parlementaires ne pouvait l'environner sans arriver jusqu'à lui. La quiétude des Toulousains était gravement compromise : des émeutes ardentes accueillaient les mesures dont leurs magistrats se disaient les victimes. Ces patriciens du Midi, jaloux de leurs immunités, créaient sans cesse des obstacles à l'action de la couronne par la forme obligée des enregistremens et le droit de remontrance solennelle. Dans la récente affaire des Jésuites, ils avaient hésité quelque temps avant de proscrire cette puissante corporation, à l'exemple des autres cours du royaume. Quelques années ensuite, ils se montrèrent aussi hostiles au gouverneur de la province, que le parlement de Rennes en Bretagne l'avait été dans ses tentatives hardies contre le duc d'Aiguillon. Au milieu de notre ville ameutée, on vit une cour de justice décréter de prise de corps le duc de Fitz-James, un Stuart, petit-fils de Jacques II, et pousser la rigueur jusqu'à mettre en mercuriale son premier président de Bastard, coupable d'intelligence avec le délégué du pouvoir suprême... Tel était le parlement de Languedoc, le second des douze parlemens de France, qui engageait avec plus de passion qu'aucun autre sa lutte de prérogative à l'encontre de l'autorité royale.

Mais un homme d'état éminent, destiné à jouer un grand rôle sur la scène politique, tenait alors les sceaux. Maupeou travailla long-temps à enlever à tous les parlemens de robe cette puissance absolue qu'un étrange abus et une vieille tolérance avaient rangée parmi leurs attributs. Il voulait les ramener aux véritables principes de l'organisation judiciaire : le jugement des procès et l'application des lois. Ce grand œuvre de son ministère allait enfin faire sortir la couronne du greffe des parlemens.

Au mois d'août 1771, parurent les édits de réformation. Ils séparaient, on le sait, l'administration, de la justice, d'une manière définitive. Dans notre Cour, jadis souveraine, ils supprimaient la chambre des requêtes, réduisaient les trois enquêtes à une seule, et diminuaient en proportion le nombre de ses membres. Pour rendre populaire cette utile mesure, la vénalité des offices fut abolie : plus de trafic, plus de charges de judicature chèrement acquises ! plus d'épices, dur impôt directement prélevé par le juge sur le plaideur, dont le temps n'a pu faire oublier les scandales ! Désormais, justice gratuite !... Et pourtant, la clameur universelle répondit aux innovations de Maupeou'; les pamphlets virulens et les noëls satiriques l'accablèrent de railleries sous la simarre du chancelier. A Toulouse, la suppression de l'ancien parlement fit une révolution complète. A voir ce deuil public et le mécontentement général, on aurait dit que le peuple entier était frappé dans la personne de ses magistrats. Il y avait eu, en effet, à toutes les époques d'agitation, alliance entre la bourgeoisie et le Parlement. Ne protégeait-il pas nos franchises contre les entreprises du fisc, quand on nous pressurait d'impôts ? N'était-il pas proscrit pour avoir résisté à l'accroissement des charges publiques ? Les dissensions et la lutte se continuèrent donc chez nous avec vigueur...

Mais le chancelier avait la main ferme, la volonté persévérante et inflexible. Il marcha énergiquement à ses fins, sans s'arrêter aux protestations, sans prendre souci des résistances. Les lettres de cachet et l'exil dispersèrent nos magistrats loin du lieu de leurs séances ; les uns, au fond des plus pauvres villages, comme Sauveterre à Drudas, Senaux à Montbrun, Raffin à Usez ; les plus récalcitrans, sur les hauteurs sauvages des Pyrénées ; sans aucun respect pour les têtes savantes, sans égard pour les noms illustres. En même temps, on fondait l'avenir sur les ruines du pouvoir détruit. Un nouvel édifice s'était élevé, constitué avec ordre et discipline. Joseph de Niquet occupait le haut siége de Drouin de Vaudeuil, et, à la tête des conseillers de 1771, il poursuivait l'œuvre de la justice, en dépit de la verve gasconne qui chansonnait impitoyablement le parlement-Maupeou et monseigneur le chancelier.

Obligé de lutter contre l'opinion publique, Maupeou essaya de relever la considération de ses cours par le mérite personnel de leurs membres. Il les peuplait de jurisconsultes à haute pensée, dignes de donner aux corps naissans la force morale qui leur manquait pour faire oublier l'ancienne magistrature. Dans toutes les grandes places du royaume, les chefs les plus éclairés des siéges inférieurs, sénéchaussées, présidiaux ou bailliages, les avocats célèbres par leurs talens et par leur caractère, furent appelés à recueillir ce glorieux héritage. Voilà comment Laviguerie, devenu l'un des premiers au barreau de Toulouse, se vit convier aux fonctions parlementaires. De même, l'oracle d'une province voisine, le savant Julien, était alors doté à Aix d'une charge de conseiller.

Surpris et presque affligé d'un événement qui troublait son repos, qui le menaçait dans son indépendance, notre modeste compatriote déclina d'abord cette flatteuse distinction : il refusait de sacrifier aux grandeurs inattendues les plus chers instincts de son intelligence. Mais un oncle en qui revivaient le dévouement et l'amour de son père, messire Armand de Lapomarède, insistait si vivement, qu'enfin il accepta.

Les nouvelles cours judiciaires étaient depuis trois ans en plein exercice, lorsque Laviguerie, arraché à la carrière de son choix, revêtit le sacerdoce de la magistrature. La veille de son entrée au Parlement, il avait été précédé dans cette dignité par Me Delort, avocat comme lui employé en la cour. Suivant le titre doux et courtois que, sous l'ancien régime, les conseillers se plaisaient à échanger entre eux, il redevint son *confrère* aux enquêtes, sous le président de Belloc ; et ils siégèrent l'un auprès de l'autre ₴

cette chambre où se jugeaient sur rapport les causes livrées à l'instruction, et qui n'entendait guère plaider que les incidens des procès par écrit.

Membre d'un corps de justice dont il avait souvent préparé les décisions rendues plus faciles par ses avis éclairés, précédé auprès de lui d'une réputation justement acquise, Laviguerie avait, dans ce poste élevé, les moyens de se faire connaître, peut-être, de se connaître lui-même sous des rapports tout nouveaux; car ce qui relevait surtout son mérite, c'était le soin extrême qu'il mettait à le cacher. Assidu au palais, chargé de rapports parfois difficiles dans lesquels il trouvait le noble emploi de son instruction, il se livrait d'esprit et de cœur aux longs travaux de l'audience, sans oublier les autres devoirs de son ministère. Ses opinions eurent du poids. Mais les vertus du magistrat, austères et modestes, sont de celles qui ne jettent pas un vif éclat au dehors. Ne nous étonnons point si, faisant abnégation d'amour-propre, il a perdu son individualité pour la confondre dans celle de ses collègues. Certes, la supériorité de ses lumières, une expérience déjà consommée, son zèle laborieux et sa droiture naturelle, toutes ces qualités, sérieuses et solides, l'élevaient d'autant mieux à la hauteur de sa charge, que sa raison sévère s'alliait à merveille aux formes graves de la magistrature. Cependant il a lui-même avoué avec une louable franchise qu'en abordant la chambre du conseil, il se crut transporté dans un monde nouveau : à le croire, il apportait à la délibération un certain embarras et quelque chose de timide. Aussi admirait-il naïvement la sagacité pénétrante et le discernement à saisir vite, à bien saisir les affaires, chez ses confrères des enquêtes, hommes du monde d'ailleurs, dont l'aptitude était due à un plus long exercice. Ce qui lui fit dire plusieurs fois de la magistrature, en mesurant la distance qui la sépare du barreau : « Ce

» fardeau pesant, l'avocat le plus instruit est moins pro-
» pre à le porter qu'un magistrat qui, dès sa jeunesse, s'est
» exercé à découvrir le côté vrai en toutes choses.....: par-
» ce que, ajoutait-il, la pratique des lois positives donne
» à l'homme d'affaires trop de circonspection ; la science
» lui révèle des doutes trop nombreux, pour que la lumière
» vienne frapper son esprit avec une égale promptitude. »
Quel que soit le mérite de cette opinion dont il ne m'appartient pas de démontrer ici la justesse, ces frayeurs exagérées
me semblent pour ses avis un gage certain de sagesse et de
maturité. Savant comme il l'était déjà, il donnait un rare
exemple de modestie en comptant à peine sur lui-même ;
trait distinctif, échappé au modèle du magistrat, que Da-
guesseau venait de peindre. Cette qualité, réunie à toutes
les autres nous fournit le secret de sa puissante influence
sur la compagnie dont il ne devait partager qu'un moment
les éminentes fonctions.

Le nouveau magistrat ne demeura pas long-temps en
effet sous la toge parlementaire. Le lendemain même de
son installation au parlement-Maupeou, les conseillers as-
semblés prirent séance à la grand'chambre, pour apprendre que la vieillesse épuisée de Louis XV était arrivée à son
terme. Cette mort imprévue fut le signe avant-coureur de
la restauration judiciaire. Un an à peine écoulé, l'infortuné Louis XVI, que le malheur de sa naissance condam-
nait à porter une couronne désormais bien pesante sur le
front des rois, avait mis fin à la persécution des parlemens.
Toulouse s'était associée avec trop d'ardeur aux résistances
de sa compagnie souveraine, pour ne pas célébrer son
rappel par des réjouissances publiques. L'ordre des avocats
lui-même salua de ses espérances le retour des magistrats
exilés ; et ce Palais renferme l'éclatant témoignage de leur
joie patriotique (1). C'en était donc fait des plans d'admi-

(1) *Ludovico XVI et felici magistratuum reditui causarum patroni
posuere.* Inscription de l'obélisque placé à la grand'chambre.

nistration savamment élaborés par Maupeou. Son œuvre méconnue ne servit qu'à dépopulariser le pouvoir dont tout coup-d'état avorté affaiblit les ressorts.

Fidèle à son esprit de haute tempérance et de sage portée, Laviguerie n'avait voulu être qu'un homme de justice. Cherchant partout le bon et le vrai, il se plaçait naturellement au-dessus des partis. La modération de son caractère lui valut l'avantage d'être toujours respecté au milieu des intrigues. Mais il ne se sentait pas l'ambition de conserver plus de temps sa charge de judicature. C'est en vain que les *revenans* parlementaires, comme on appelait les anciens magistrats, essayèrent de le retenir par des offres qui attestent de quelle estime il jouissait auprès d'eux. Laviguerie refusa le mortier de président, et se dépouilla sans regret d'une dignité qu'il avait revêtue sans joie comme sans désir. Ce fut par son propre ostracisme qu'il se bannit d'une compagnie illustre où il ne comptait que des admirateurs et des amis. Il avait honoré la Cour, en y entrant ; en la quittant ainsi, il s'honora lui-même, et grandit encore dans l'estime publique. L'ordre des avocats lui rouvrit ses rangs avec transport : il rentra avec délices dans la solitude studieuse du cabinet où il avait laissé ses habitudes les plus chères. La reconnaissance royale vint l'y chercher ; une pension de douze cents livres récompensa ses services. Maître enfin de lui-même, il reprit son indépendance professionnelle et ses travaux interrompus ; heureux d'être rendu pour toujours aux douceurs de la vie privée, fier de retourner à l'ancienne étude de sa jeunesse qu'il ne devait plus échanger contre aucune autre.

Alors commença pour lui, en dehors des hiérarchies, et sans sortir du cabinet, la plus belle, la plus indépendante des magistratures, celle que ses consultations n'ont cessé d'exercer, grâce à leur mérite incontestable. Parvenu à sa quarantième année, il se trouvait à la fois dans la maturité de l'âge et dans la force du talent. Ses décisions, de plus en plus respectées, firent autorité auprès des tribunaux, parce qu'elles leur préparaient le triomphe de l'équité. Sa maison devint un autre sanctuaire de la justice. Mais cette haute position, c'était peu de l'avoir conquise ; il fallait la conserver. Voici comment il a su s'y maintenir. Il a compris la mission du jurisconsulte dans l'acception glorieuse et complète de ce titre. A ses yeux, cette profession jalouse ne s'accommode ni d'heures perdues ni de biens facilement acquis. Le trésor de cette science, il le juge ainsi fait, qu'il diminue dès qu'on cesse d'y ajouter, et qu'il s'épuise bien vite, si chaque jour n'en voit accroître les richesses. Aussi Laviguerie, pour suffire à ses dépenses, renouvelle-t-il le fonds dont constamment il prodigue les fruits, à l'aide d'une méditation profonde, grâce à ces recherches obstinées qui exigent et le temps et la lampe.... C'est, MM., une noble chose à considérer que cette belle vie de jurisconsulte, si calme, si reposée, si bien remplie, dont la sagesse se dérobe aux regards, dont aucun jour ne fut perdu. Dans cette célébrité que les années ont faite, dans ces grands travaux accumulés en silence et patiemment accomplis, il y a comme un parfum du temps passé. On se dirait en présence de l'une de ces figures d'un siècle disparu sans retour. On croirait voir quelqu'un de ces graves jurisconsultes, aux habitudes claustrales, à la majestueuse simplicité, Cujas, Dumoulin, ou quelque autre anachorète, blanchi au service de la science, qui s'ensevelissait au fond des thébaïdes de l'étude, pour n'y vivre qu'avec les livres, pour n'y habiter qu'avec leurs pensées.

La retraite de Laviguerie n'était pourtant pas une solitude. On y voyait affluer les cliens et les affaires de tout le Midi. L'enceinte paisible de ce cabinet réunissait les hommes supérieurs au barreau : l'avocat instruisant et l'avocat d'audience s'y donnaient rendez-vous. A cette époque, plus éloignée de nous par la différence des mœurs judiciaires que par le nombre des années, on plaidait peu de causes, on n'en instruisait aucune, sans avoir eu recours aux conseils d'un jurisconsulte. On comprenait combien l'agencement d'un procès exige la plupart du temps toute la maturité de l'expérience. Aussi les jeunes avocats, à qui les anciens abandonnaient le plus grand nombre des affaires qui ne présentaient pas un intérêt financier digne de leur talent (le fait est certain), étaient-ils dans l'usage de soumettre à l'examen d'un consultant exercé, le plus souvent à Laviguerie, la thèse qu'ils devaient soutenir à l'audience. Avant d'engager la lutte, ils se rendaient chez lui pour arrêter leur système de défense. Après le compte-rendu qu'ils lui exposaient, le docte jurisconsulte émettait un avis approbatif ou improbatif sur chacun des moyens que son jeune confrère s'était proposé de faire valoir. Eclairé par cette conférence, il ne restait plus à l'avocat plaidant qu'à disposer aux développemens de la discussion orale ces savantes résolutions... S'agissait-il, au contraire, d'une de ces causes graves et solennelles dont les orateurs en renom s'étaient réservé le monopole, les plus habiles d'entre eux ne dédaignaient point d'aller à ce lévite de la loi qu'ils regardaient comme une loi vivante, et d'interroger cette tête vaste et profonde qui rendait des oracles. C'est à Laviguerie qu'on venait soumettre les problêmes les plus abstraits de la jurisprudence. C'est lui que l'on consultait sur les questions de droit les plus controversées..... Tels étaient les liens regrettables qui transmettaient sans effort mille traditions effacées, en même temps qu'ils entretenaient cet esprit de confraternité, la sauvegarde de notre ordre, qui jadis le rendit si glorieux, et dont il doit toujours se montrer jaloux. Suffire à ces conférences, à ces conseils, répondre à la confiance qui venait

le chercher, tous ces soins si divers réclamaient de Laviguerie une application continuelle. Pour soutenir ce
rude labeur, ç'aurait été peu d'une ambition vulgaire de
fortune ou d'un vain désir de renommée. L'étude avait
besoin d'être considérée comme une religion, et le droit
de recevoir le culte d'un amour désintéressé.

Ses veilles devaient être d'autant plus laborieuses, qu'immense était à ce moment la variété des élémens de litige.
Outre les difficultés innombrables du vieux droit civil, deux
sources de procès abondans découlaient des cas féodaux et
des matières bénéficiales. Le droit, tel qu'on l'étudiait
dans l'ancien barreau, offre une carrière sans limites qui
l'arrêtent, éclairée par de rares fanaux qui la dirigent.
C'était une rude tâche en effet, et un sujet tellement vaste
à explorer, qu'il semblait impossible à une seule intelligence, aidée de la plus longue vie, d'en concevoir parfaitement et d'en posséder à fond l'entier ensemble et ses
différentes parties. Alors chaque avocat, arrivé au terme
de ses études genérales, s'attachait de préférence à une
branche particulière de la législation, pour en faire l'objet
de recherches spéciales. C'est ainsi qu'on chargeait habi-
tuellement de défendre les causes du clergé, un homme
grave et considérable, Me de Lacoste, ce gendre que Laviguerie chérissait comme l'époux de sa fille, et comme
son meilleur ami. Cet emploi, il le partageait avec Poitevin, l'avocat-littérateur, également renommé pour s'être
nourri des Décrétales et des Constitutions Gallicanes. On
citait de même Me Dessolle comme plus profondément versé
dans la connaissance du droit féodal. Il serait difficile de
dire vers quelle spécialité Laviguerie avait dirigé ses facultés qui réunirent tant de qualités diverses. Ce n'était pas,
à proprement parler, un jurisconsulte d'exception. Les
questions notables de l'ancien droit civil tout entier ser-
virent de domaine à ses consultations et à ses mémoires.

Ce n'est pas qu'au besoin, canoniste habile, il ne fût choisi pour modérateur dans les matières bénéficiales. Feudiste à l'occasion, il réglait aussi, soit les rapports des anciens seigneurs entre eux, soit leurs relations avec les vassaux. En un mot, il se faisait tout à tous. Cependant, il s'était peut-être plus étroitement assimilé, par la réflexion et par l'étude, ces dispositions fameuses qui attribuaient autrefois à tout individu la faculté exorbitante d'imposer un successeur à l'héritier par lui institué. Cette matière si délicate des *substitutions* lui valut des succès éclatans, à deux époques distinctes de sa vie, qu'il me sera permis de confondre ici pour rapprocher deux circonstances semblables. — En 1782, surgit au parlement un procès épineux, l'affaire du duc d'Uzès. Ce fut presque un événement public pour Toulouse : les principales familles de la province se trouvaient directement intéressées à la substitution en litige. Laviguerie, devenu l'avocat obligé des grands procès, était chargé de cette instruction. Entre deux audiences, fut écrit à la hâte, pour le besoin de la cause, un mémoire qui seul aurait suffi à fonder sa réputation, si elle n'eût été déjà solidement acquise, ou à la justifier, s'il ne l'avait méritée à tant de titres. Jamais notre jurisconsulte ne laissa mieux apprécier la portée de son talent ; jamais le savoir et la logique n'ont brillé réunis ensemble à un plus haut degré... — Après bien des vicissitudes, la loi de 1792 et le code civil avaient sagement proscrit les substitutions, lorsqu'un grave débat de ce genre s'ouvrit devant cette Cour sur le sort d'une disposition rétroactive. La cause avait été plaidée avec solennité : l'importance de la question et le talent des avocats tenaient les juges en suspens. Dans le secret de la chambre du conseil, un magistrat honorable montra à ses collègues, encore indécis ou divisés d'opinion, une simple note qu'avait rédigée son savant ami sur le point à juger : elle indiquait, en peu de lignes, claires et précises, la raison décisive, et tranchait au vif le différend. Tous les doutes disparurent; et l'arrêt qui intervint enrichit ses considérans d'une autorité domestique.....

On comprend que, pressé par tant d'affaires, Laviguerie avait peu de loisirs à accorder aux autres branches des connaissances humaines. Toutefois, il ne se tint pas si scrupuleusement renfermé dans ses occupations juridiques, qu'il ne suivît avec intérêt les hommes à grandes pensées à la recherche des problêmes de l'époque. Aurait-il été de ce siècle, s'il n'eût payé aux doctrines économistes le tribut de ses sympathies? Pouvait-on demeurer indifférent ou neutre, au moment où se discutaient les questions sociales qui bouleversèrent toutes les idées, quand Montesquieu donnait dans l'*Esprit des Lois* la mesure d'un incomparable génie; quand Diderot élevait tout le passé et ses richesses intellectuelles sur le monument gigantesque de l'*Encyclopédie!* Laviguerie recueillait ces livres qu'il annotait avec soin, comme l'inventaire de sa bibliothèque l'a prouvé, en compagnie de quelques auteurs classiques en petit nombre, au-dessous d'Horace, son poète favori. Il consacrait plus particulièrement à ces lectures le repos des vacances, que, pendant long-temps, il alla passer près de Rodez, à Cassagnes-Bégoulies. C'était pour lui l'occasion de se munir des idées générales dont se nourrissent les fortes méditations et les travaux théoriques. Mais, loin de se montrer le disciple des philosophes, admirateur de leur génie, il s'écartait, par toutes ses tendances, de cette secte raisonneuse et sceptique, le premier et le plus puissant moteur de l'œuvre de démolition qui se faisait à grand bruit.

Aux approches solennelles de 1789, un illustre client, menacé dans son existence, visita le cabinet de Laviguerie, pour lui proposer de prendre en main sa défense. Le Parlement, dont M. de Cambon fut le dernier chef, tout ému par les nouvelles entreprises qui le changeaient en Cour plénière, désira introduire comme son représentant dans l'assemblée des Etats-Généraux, un jurisconsulte qu'il savait estimer à sa valeur. Il n'y aurait eu que des applaudissemens pour le choix d'un député aussi honorable. Mais, dans la modestie de sa carrière, Laviguerie s'était trop retiré des voies de l'ambition, pour céder aux vœux de ses anciens collègues. Il déclina un honneur dont ce refus prouvait qu'il aurait su se montrer digne, parce qu'il en comprenait l'importance. S'il ne se fût tracé pour système de demeurer homme privé et tout-à-fait indépendant, il est facile de prévoir sur quel banc de la grande assemblée il eût marqué sa place. Eloigné, par caractère, des excès et des hardiesses, il avait puisé, dans l'étude des lois, l'amour des doctrines conciliatrices. Son esprit plein de tenue et de sage tempérance, la nature discrète de son intelligence, tout le rappelait à la modération. Touchant à la noblesse par sa naissance ; aux classes élevées, par ses lumières ; au clergé, par ses croyances ; à la magistrature, par ses affections ; à la bourgeoisie, par ses intérêts, il ne sentait en lui-même rien d'exclusif ni de violent, rien de ce qui fait la fortune des hommes politiques au milieu des révolutions. Il aimait la liberté par raison ; il voulait l'ordre par instinct. C'est dire assez qu'il appartenait à ce parti de la monarchie constitutionnelle, où Lally-Tollendal et Clermont-Tonnerre, Mounier et Malouet, représentaient la noblesse libérale et la bonne bourgoisie du temps. Les opinions tempérées de ces orateurs-publicistes, modèles admirables de modération et de vertu, étaient en effet les siennes. Ses prédilections étaient acquises à leurs brochures qu'il colligeait et qu'il proclamait lui-même de vertueux plaidoyers en faveur de l'unité nationale, de l'égalité civile, de la liberté politique. Comme tant de bons citoyens, il ouvrait son cœur aux généreuses espérances ; il attendait de cette crise sociale, avec le perfectionnement de l'ordre, la réforme des abus.

Mais, après un laborieux essai du gouvernement représentatif, l'horizon se rembrunit, et le péril frappa tous les yeux. Les décrets de l'assemblée constituante signalèrent son aversion pour les grands corps de judicature. En peu de temps, les conseils souverains de France furent frappés d'une abolition presque absolue. Dans cette grave conjoncture, le parlement de Toulouse, blâmant la prudente réserve des magistrats de Paris, qui tenaient leurs résolutions secrètes, crut devoir à la France l'exemple du courage civil : représenté par la chambre des vacations, il délibéra de publier une protestation solennelle contre les atteintes portées aux droits de la couronne. Toutefois, nos parlementaires avaient une si haute opinion du caractère de Laviguerie, leur conseil ou plutôt leur ami, qu'ils le mirent dans la confidence de ce téméraire projet. Laviguerie se montra hostile aux idées de résistance. Il ne craignit point de représenter, avec toute la force de sa raison, qu'il fallait enregistrer les nouveaux édits, et s'y soumettre dans l'intérêt du bien public. Il prédit avec une rare sagacité les suites d'une déclaration imprudente. Mais il était difficile à sa prévoyance de prévaloir dans les jours d'orage. Seul, le personnage éminent qui marchait à la tête du parquet, en reconnut la sagesse. C'était M. de Resseguier : il partageait les pénibles fonctions du ministère public avec M. de Catellan et M. de Latresne, ceux-là même qu'on se plaisait à appeler *les enfans du Roi*, quand le plus âgé de ces trois magistrats recommandables arrivait à peine à sa majorité. D'accord avec Laviguerie, le procureur-général au Parlement combattit l'opinion de ses confrères ; puis, par une généreuse alliance de tous ses devoirs, par un sacrifice sublime de ses convictions à l'entraînement général, il devint l'organe de la compagnie entière, et se dévoua hé-

roïquement à son destin. Les 25 et 27 septembre 1790 virent se mêler aux autres malheurs du temps ces arrêtés célèbres où il est dit : « La monarchie française touche au
» moment de sa dissolution. Bientôt il ne restera aucun
» vestige de ses institutions les plus anciennes. Dans ces
» circonstances, la Cour se doit à elle-même de faire une
» profession de ses sentimens. Elle proteste contre l'anéan-
» tissement des ordres, et elle transcrit sur ses registres
» cette protestation, en témoignage de ses principes, comme
» un monument qu'elle consacre au Roi, à la Nation !.. »
On sait comment la nouvelle de cet acte de courage fut accueillie à la tribune de l'assemblée : on connaît ce mandat d'arrêt que les constituans lancèrent contre les auteurs de la protestation, malgré les élans chevaleresques de notre Cazalès. A quelque parti qu'on appartienne, on ne peut qu'épargner le blâme à cette conduite du Parlement. Il est parfois honorable de se tromper, surtout quand l'erreur a son principe dans une inviolable fidélité que nos magistrats s'apprêtaient à sceller de leur sang.

Ainsi disparaissait la vieille société française. Avec les parlemens s'anéantit l'ancien barreau, contemporain de la magistrature, depuis tant de siècles associé à ses triomphes, à ses paisibles travaux, dans les temps de calme ; à ses périls, à ses revers, aux jours de discorde et de trouble. Le décret du 11 septembre 1790, qui étendait la proscription jusqu'au titre d'avocat, brisa le sceptre de cet ordre entre les mains de Mᵉ Jamme, le dernier bâtonnier qu'ait eu notre barreau parlementaire. Au moment de se dissoudre, cette corporation fameuse comptait plus de deux cents membres dans son sein. A la tête de la consultation, s'avançaient, non loin de Laviguerie, Espinasse qui, par de savans mémoires, fit oublier l'échec qu'à son début il subit à la barre ; Lafage, le talent le plus complet qu'on eût depuis long-temps admiré ; tandis qu'une foule d'avocats

plaidans se faisaient écouter des magistrats avec intérêt.
C'étaient encore Jamme, si orné, et Duroux, si habile ; Roucoule dont la première cause avait servi, par son retentissement, de point de départ, à une réputation qui, depuis
douze ans, le conduisait à la gloire et aux succès des audiences ; Bragouze, qui parlait si logiquemeut le langage des
affaires ; Arbanère, jeune homme plein d'entraînement et
d'imagination, à qui une fin prématurée ravit les espérances de ses premiers triomphes ; Barrère de Vieusac, le
bel-esprit, cité pour sa fine élégance qui lui valait les pal-
mes académiques ; Mailhe, dont la cour de cassation, qui
n'a pas cessé de nous faire ses plus riches emprunts, appré-
cia plus tard l'infatigable ardeur ; sans oublier Romiguières
l'ancien, qui postulait au Sénéchal, et Désazars, et Veyrieu,
et Janole ; et les autres enfin, dont, il y a quatre ans, dans
ce palais même, un grand magistrat qui a commencé par
être un avocat célèbre, honorait si éloquemment la mémoire (1).... Tous ces athlètes d'une phalange brillante par
le nombre et par le talent se dispersèrent alors : les uns,
comme Jamme, Poitevin, Lafage, appelés aux cachots, à la
fuite, à l'exil ; les autres, tels que Romiguières, Bragouze,
Mailhe, Barrère, embrassant la cause de la Révolution, jusque-là vierge d'excès, pour s'enrôler dans les municipalités
ou les tribunaux de district.

Lorsque sa carrière fut ainsi fermée et proscrite, Laviguerie demeura fidèle au culte de son ordre. Malgré cette
suppression officielle, il persévéra dans l'exercice de sa
profession, donnant ses conseils, verbalement ou par écrit,
publiquement ou d'une manière clandestine, selon les circonstances. Les minutes de ses consultations présentent
toutes les dates, même les plus terribles, de cette époque
orageuse. En attendant des jours meilleurs, il avait pieuse-

____

(1) M. le procureur-général Romiguières, discours de rentrée, novembre 1839.

ment emporté, comme un dépôt, les dieux domestiques dans sa retraite, pour perpétuer les traditions interrompues, sachant bien que la justice est une de ces choses incomparablement si grandes, qu'elle ne passe point lors même qu'elle menace de s'éteindre.

Au milieu des crises ardentes qui préparaient la transition d'un pouvoir à un autre, on ne le rencontre point sur la route qui mène aux honneurs. Loin de les rechercher, il évitait les occasions de se produire : grâce à son humeur, douce et conciliante, il vivait en dehors des partis. Cependant les faveurs électives étaient allé le surprendre. Lors de la première organisation des tribunaux, improvisés par une politique réactionnaire, l'estime du peuple conférait seule les fonctions de judicature. L'homme de loi retrouva au forum les suffrages libres et unanimes de ses concitoyens, qu'il avait conquis au prétoire. Mais, redoutant les dangers de la vie publique, qui pouvaient altérer la paix de son âme un peu craintive, il se tint à l'écart. Spectateur sans ambition, il refusa de présider les juges de district, et plus tard de siéger dans l'administration du département, en qualité de procureur-général-syndic. Il est un seul emploi, modeste et gratuit, en harmonie parfaite avec ses habitudes, auquel il ait fait le sacrifice d'une obscurité riche de charmes pour lui, sans être oisive pour ses compatriotes : lorsque la loi du 24 août 1790 organisa les bureaux de conciliation, l'opinion publique, donnant l'homme à la place, confia cette magistrature paternelle et protectrice à Laviguerie ; sacerdoce véritable, que, pour cela même, il aura peut-être recherché. On devine combien un jurisconsulte qui savait allier les ressources de la conciliation, les trésors de la probité à la science des lois et de l'expérience, dut rendre de services dans ce ministère de paix, au sein d'une société pleine de désordre.

D'effrayantes réalités n'avaient pas tardé en effet à démentir les illusions des premiers jours. Quoique blessé dans ses intérêts par la Révolution, qui lui enleva sa pension et ses affaires, le conseiller de 1774 ouvrit d'abord avec mesure son esprit aux idées nouvelles. Mais le tumulte de la place publique, les hurlemens de l'émeute mêlés à des cris de mort, vinrent détruire son rêve politique. Parmi les immolations de 93, cette funeste année d'assassinats judiciaires, il vit disparaître le père de Noailhan, le précepteur de sa jeunesse, à qui il avait toujours conservé les sentimens d'une reconnaissance filiale : ce vieil ami, jeté par Jourdan *coupe-tête*, le féroce proconsul du Comtat, dans la trop fameuse glacière d'Avignon, avait couronné les mérites de sa vie en préparant à une fin chrétienne les compagnons de son martyre. Le spectacle d'une plus grande infortune remplit bientôt d'épouvante le cœur attristé du disciple. Cinquante-trois magistrats, anciens collègues de Laviguerie au parlement de Toulouse, arrêtés sans distinction d'âge, de rang, d'opinion même, traînés à Paris, traduits au tribunal de sang, c'est-à-dire, conduits à la mort, montèrent ensemble les degrès de l'échafaud révolutionnaire !...... Témoin de tant de crimes, le plus doux et le plus tranquille des hommes se réfugia tout entier dans les régions supérieures de l'étude : pour abriter sa vie et se retremper l'âme, il demandait noblement à la science ses consolations les plus hautes.

La Révolution parcourait ses sanglantes périodes. Plus heureux que la plupart de ses anciens collègues, incarcérés à la Visitation avec l'élite de la ville, Laviguerie put observer les premières tempêtes comme du rivage, et ses jours s'écoulèrent quelque temps libres et ignorés, à l'abri de la tourmente. Il est des renommées si pures, que leur propre dignité devrait suffire à les protéger. Pouvait-il connaître un seul ennemi, lui qui n'avait jamais haï personne ? Le savant inoffensif semblait défier la calomnie....;

et pourtant, coupable, au premier chef, de probité, de talent, de vertu, ce noble citoyen avait droit à une part dans les persécutions. Aux temps les plus néfastes de la Terreur, un homme se rencontra qui, fatigué de l'entendre appeler le Juste, dénonça Laviguerie comme suspect, aux amis de la Constitution que le club des Jacobins s'était affiliés. Laviguerie connaissait le calomniateur ; sa pitié généreusement discrète, nous a toujours caché son nom. Deux fois, la municipalité de Toulouse délibéra sur son arrestation. Voici comment il fut épargné. Parmi les proscripteurs d'alors se trouvait un artisan obscur qui avait autrefois apporté un procès de famille dans le cabinet de Laviguerie. Mais ce sanctuaire voyait s'éteindre sans bruit les longues haines et les discordes héréditaires. Laviguerie ne pénétra, comme toujours, dans le mystère de ces divisions domesques, que pour y apaiser tous les ressentimens : il fit si bien, par l'influence de sa sagesse, qu'il eut encore une fois le bonheur d'étouffer les mauvaises passions, et de réconcilier, par l'ascendant irrésistible de ses vertus, des parens ennemis. Pénétré de reconnaissance pour ce dévoué patronage, le terroriste dévoilait à son bienfaiteur les projets menaçans de ses collègues : sur cet avis, Laviguerie se tenait caché pendant plusieurs jours ; puis, il reparaissait après l'orage. A la même époque, on vit un homme du peuple s'offrir de plein gré pour servir de caution à Roucoule dont il avait été le client. C'est ainsi, Messieurs, que les services de l'avocat ont un glorieux avantage : la gratitude qu'ils inspirent en retour est le seul prix qui les compense ; ce genre de bienfaits ne sera jamais perdu, pourvu que le bienfaiteur soit assez généreux pour ne pas les vendre.

Durant les treize mois que le Comité de salut public tyrannisa la France, Laviguerie connut encore des jours difficiles. Moins vivement défendu plus tard par son protec-

teur, il reçut un ordre rigoureux qui le retint captif pendant un mois entier dans sa demeure. Alors une mélancolie profonde succéda à sa sérénité naturelle : ce studieux ermite, qui vivait confiné dans le calme de son intérieur, devint subitement l'ami des champs et des vacances. Les bords de l'Aveyron, ses terres de la Pomarède, que depuis long-temps il ne visitait plus, se reflétèrent dans son âme avec tant de vivacité, qu'il ne savait résister davantage au besoin de les revoir. Pour la première fois, sa chère solitude lui paraissait désenchantée, odieuse, parce qu'il n'en pouvait pas sortir. « Tant il est vrai, disait-
» il, en rappelant avec émotion cette langueur incurable
» dans laquelle il était tombé, tant il est vrai que l'homme
» est né pour vivre libre ! »

Hâtons-nous de traverser ces temps de factions et d'épreuve, où la France, par un malheureux essai de la république, profana la gloire militaire et les grandeurs législatives de notre première révolution. Funeste époque, dont on voudrait tout oublier, si ce n'est le souvenir des belles actions qui se développèrent à l'ombre du despotisme ! La vie que je retrace me fournit un de ces dévoûmens extraordinaires que nulle vanité, nul désir de renommée ne produisent, un de ces sacrifices d'autant plus admirables qu'aucun espoir de dédommagement ne les compense. Forcées de s'expatrier pour échapper aux colères des persécuteurs, les riches familles du pays avaient confié des sommes d'argent considérables à la loyale amitié de Laviguerie. C'était de sa part un service d'humanité qu'une défense atroce punissait de mort. Quand arriva l'époque la plus orageuse des visites domiciliaires, notre jurisconsulte craignit, non pour sa vie, mais pour la sûreté des dépôts dont son honneur avait la garde. Désireux de les sauver au prix de sa fortune, il dépose à l'hôtel de la Monnaie sa vaisselle plate, et verse huit mille francs en numéraire dans les coffres de l'état. En échange, il reçoit du papier-monnaie, pour la valeur nominale que la loi lui avait appliquée. Moyennant cette contribution patriotique, on respecta les trésors des émigrés; leur existence entre les mains de Laviguerie ne fut pas même soupçonnée. Mais survint le discrédit jeté sur les assignats, puis leur énorme dépréciation, enfin la banqueroute du trésor. Au retour des émigrés, tous les dépôts n'en furent pas moins rendus intacts à leurs propriétaires. Cette garde inviolable coûtait à Laviguerie dix mille francs environ; il ne se vanta jamais du sacrifice. Un membre de sa famille en surprit le secret; et, comme il exprimait, à la vue des assignats, quelques regrets sur cette perte, le vertueux dépositaire l'interrompit en lui disant : « Ne voyez-vous pas que ce sont là nos » titres de noblesse!» Paroles qui honorent à jamais, et celui qui les prononça, et tous ceux à qui ses intentions bienfaisantes en ont légué la gloire...... .

Les excès de la Terreur avaient précipité le terme de son règne. Après le 9 Thermidor, Laviguerie s'associa aux anti-terroristes qui, selon la courageuse expression d'un poète, demandaient au pouvoir *des lois et non du sang*. Nommé, par la voix populaire, aux principales dignités urbaines, il refusa le titre d'officier municipal : il ne voulut, bornant son ambition à être utile, qu'accepter une part dans la surveillance de la police, avec la simple qualité de notable. Encore se servit-il de ces fonctions subalternes pour protéger des droits qu'on aurait sans lui facilement méconnus. Sous le Directoire, aux termes de la constitution de l'an III, l'autorité judiciaire travaillait à se réorganiser. Sans doute il y eut encore bien des orages politiques. Laviguerie les traversa, je ne dis pas sans blesser une seule opinion, du moins sans déroger à la sienne qui fut toujours celle d'un homme de bien. Assez occupé d'étudier ces lois incertaines et vagues, qu'un jour voyait promulguer et le lendemain disparaître , il se retranchait, comme Cujas, dans l'édit du préteur contre les passions contemporaines (1). Cette législation barbare qui mettait hors la loi les proscrits et les vaincus, prit une large part de ses veilles. Dès que le calme se rétablit un peu, une foule de procès s'élevèrent sur les débris des grandes fortunes renversées. Le cabinet de Laviguerie devint alors un foyer lumineux où les victimes de nos discordes civiles allaient puiser l'intelligence d'un droit indécis , pour disputer au fisc les dépouilles des confiscations révolutionnaires. Notre jurisconsulte prêta aux plus illustres personnages de l'émigration le bienfait de son vaste savoir; il dévoua l'expérience de ses talens à les remettre en possession. Mais cette belle conduite ne tarda pas à éveiller la soupçonneuse attention des gouvernans; elle le mit en évidence, non sans quelque danger pour sa sûreté personnelle. Malgré le péril qui l'environne, Laviguerie poursuit le cours de ses bonnes œuvres. Seulement, il dérobe un peu plus aux regards de la malveillance la main qui répand les secours, en ne signant plus ses nombreuses consultations : sa bienfaisance recherche l'ombre et le secret. Au milieu des agitations de l'époque , c'était encore un acte de courage. Les avocats qui avaient survécu au grand naufrage , se montraient ainsi fidèles à l'antique esprit et aux vieilles mœurs de notre ordre : témoin le dévoûment de Poitevin, un autre de ces hommes qui honorent et servent à la fois le barreau et le pays par les travaux de leur intelligence et l'exemple de leurs vertus ; Poitevin , assez courageux pour courir d'Auch à Toulouse sauver d'une mort certaine les malheureux compromis dans l'insurrection royaliste de l'an VII, assez éloquent pour arracher à une justice impitoyable l'absolution de leurs erreurs.....

---

(1) *Quid hoc ad edictum prætoris?*

Après avoir bravé, à l'exemple du défenseur officieux que je viens de citer, l'ombrageuse jalousie d'un pouvoir persécuteur, il fut enfin donné à Laviguerie d'arriver au port, la tête haute et le cœur pur, n'ayant à se reprocher ni prévarication ni faiblesse. Depuis un demi-siècle, les tourmentes politiques ont bouleversé si fort les esprits, que peu d'hommes peuvent supporter un éloge sans ré-serve. La vie que je raconte ne sera ternie par aucun blâme. Aussi bien, la folle ardeur de démolition morale qui avait entraîné à tant d'égaremens, se ralentissait sous la force d'une double impulsion. Le coup-d'état du 18 Bru-maire signala le retour à l'ancien régime avec quelques abus de moins, le mouvement vers l'avenir avec la liberté de plus. On comprenait enfin qu'il y a péril pour les so-ciétés à dédaigner long-temps les nobles et grandes institu-tions. Au bout de douze ans d'anarchie religieuse, le concordat était signé. A la suite de la religion revint la justice ; les tribunaux réguliers reparurent, et la législa-tion commença à acquérir quelque fixité.

A la faveur de cette restauration générale, une grande idée, mûrie depuis longues années, parvint à se faire jour. Toutes les intelligences du siècle travaillaient à l'enfante-ment d'un droit régulier et uniforme. De tout côté, les corps judiciaires furent appelés à fournir leurs lumières. Notre tribunal d'appel, quand son concours fut réclamé, recourut aux profondes connaissances de cinq jurisconsultes, *les plus consommés dans la science des lois* (1). La haute ré-putation de Laviguerie lui valut l'insigne honneur d'être choisi le premier : Gary, Lafage, Espinasse et Roucoule, concoururent avec lui à la méditation de nos lois civiles ; et ces ouvriers laborieux apportèrent les premiers maté-riaux de nos codes, précieux élémens pour les Portalis, les

____

(1) Lettre de convocation du président Désazars, 23 germinal an IX.

Tronchet, les Treilhard, qui ont attaché leur mémoire à ces monumens impérissables. 1804, date à jamais célèbre dans nos fastes législatifs, vit enfin donner à la France l'œuvre de législation la plus parfaite qui soit sortie de la main des hommes.

En même temps se rouvraient les écoles de droit, destinées à servir, comme par le passé, de pépinière féconde aux tribunaux et à notre ordre. Toulouse, dotée jadis d'une Université complète, reçut, en vertu d'une loi de l'an XII, l'établissement dont M⁰ Jamme fut nommé directeur. Par un décret du 28 messidor an XIII, la volonté impériale forma le conseil d'enseignement et de discipline qui devait présider aux progrès de cette école. La magistrature y avait envoyé les citoyens Désazars, Corbière, Roque, Loubers, ses plus dignes représentans. Le barreau, renaissant à peine, y compta ses membres les plus recommandables : MM⁰ˢ Gary, Espinasse, Roucoule, Dubernard, Barrué, et avec eux, et toujours à leur tête, Laviguerie. Aussi, lorsque l'un des nouveaux professeurs de l'école, le savant titulaire de la chaire de droit romain, publia son *Analyse des Institutes*, il crut devoir inaugurer ses travaux d'enseignement, sous les auspices du jurisconsulte qui savait le mieux allier à la noblesse de sa profession la profondeur et l'étendue des connaissances qu'elle exige : M⁰ Ruffat offrit donc à Laviguerie la dédicace de son livre.

L'ordre des avocats, ramenant avec lui tous les auxiliaires de la justice, se relevait de ses ruines. Déjà, la loi de ventôse an XII avait promis le rétablissement du tableau, en laissant espérer la remise en vigueur des anciens statuts. Vers 1806, trois illustres vétérans du barreau parlementaire, Laviguerie, Roucoule et Bragouze, firent du fond de leur retraite un premier appel à leurs confrères dispersés, et rallièrent les légistes autour d'eux pour diriger tous les travaux vers un but commun. L'année suivante, Laviguerie et Roucoule, persévérant dans cette idée de réunion, remplacèrent Bragouze, que l'ordre venait de perdre, par deux hommes heureusement nés pour continuer cet avocat profondément instruit : c'étaient Espinasse et Romiguières père... Tels sont, Messieurs, les louables efforts qui signalent le retour parmi nous du barreau restauré. Voilà les noms de nos bienfaiteurs, que je suis heureux de livrer à votre reconnaissance. Honneur à ces vénérables dépositaires des vieilles traditions ! Honneur surtout à Laviguerie qui a le plus puissamment contribué à sauver, pour notre âge, les doctrines conservatrices !

Peu à peu le palais reprit son antique physionomie, et la milice du barreau recomposa ses rangs. Une génération d'avocats distingués dans les dernières luttes judiciaires, sous le règne du Parlement, servait de lien aux deux époques en présence. A la tête du barreau actif marchait justement Dubernard, adroit tacticien, dangereux adversaire, le plus souvent incomplet et négligé dans sa première action, mais enlevant le procès à la réplique. Flottes, son émule, jetait, au contraire, en commençant tout son feu, parce que cette vigoureuse dialectique qu'on admirait chez lui, était le résultat d'une réflexion opiniâtre. Carles, le premier des formalistes, se faisait en outre redouter de ses contradicteurs par des saillies mordantes et incisives. Corail, mieux versé que personne dans le latin des Pandectes, avait l'art d'y découvrir des textes ou des subtilités toujours favorables à sa cause. A côté de ces noms, déjà disparus, viennent naturellement s'en placer de plus nouveaux que je dois sous-entendre, mais que je ne peux oublier. Entre autres, se présentent les deux anciens avocats qui occupent dans ce palais des siéges élevés (1). L'un

____

(1) MM. les conseillers Barrué et Decamps (d'Aurignac).

brillait à la cour d'appel par une sagesse de méthode, par une convenance exquises; l'autre s'était fait remarquer, dès ses débuts au tribunal d'arrondissement, auprès de ce confrère, aujourd'hui l'un des ornemens de la cour suprême, qu'il suffirait de nommer pour désigner un véritable orateur (1).

Les anciens jurisconsultes sont également rentrés dans le cabinet qui n'a jamais rendu des oracles plus sûrs. A aucune autre époque de notre histoire judiciaire, la consultation ne fut plus florissante, et des hommes d'un plus haut mérite n'en soutinrent le légitime éclat. La tâche des consultans s'était considérablement agrandie, par les difficultés sans nombre qui surgirent après l'apparition du Code, et par les graves questions transitoires que soulève le passage d'une législation abrogée à une loi nouvelle. Pour les résoudre, Toulouse offrait alors un collége de légistes initiés, comme les Prudens à Rome, aux mystères sacrés de la Justice. Trois jurisconsultes se distinguent dans cette voie, au-dessus de tous les autres. Tous trois, doués de qualités différentes, ils se partagent, ou plutôt ils réunissent en eux les trésors si divers de la science. Ils étaient les enfans d'une même province, patrie d'origine de Laviguerie, de ce Rouergue dont les habitans se firent toujours remarquer par une aptitude spéciale aux travaux juridiques. Un air de famille règne entre ces anciens du barreau, unis aujourd'hui dans nos souvenirs, et que rapprochaient encore des études communes, une mutuelle estime, et leur réputation contemporaine, sans qu'une ressemblance trop exacte permette de les confondre. L'un, avocat consommé, habitué jadis aux luttes de la parole, s'était nourri de bonne heure dans toutes les subtilités du palais. Nul mieux que lui n'avait une connais-

____

(1) M. Romiguières.

sance intime de cette législation intermédiaire qui fut la préface de nos codes : il savait l'histoire approfondie de chacune de ses vicissitudes. Aussi représentait-il à merveille l'alliance de la doctrine d'autrefois avec les nouveaux principes. Je veux parler de M⁰ Roucoule. L'autre, robuste de tête et de corps, à la vaste érudition, à la saine judiciaire, que son accent agreste, son élocution un peu rude rendaient inhabile à la plaidoirie, était le studieux enfant de son labeur et de ses œuvres. On a dit de lui qu'il avait le génie de la jurisprudence. Toujours est-il qu'il s'était emparé, comme de son patrimoine, du texte de Justinien, des sentences de Paul, des livres uniques d'Ulpien, des cinquante mille rubriques du Digeste qu'il conciliait entre elles, en un mot, de tout ce qui constituait le vieux droit romain, avant que les précieux commentaires de Gaïus, les fragmens du Vatican, la république de Cicéron, et les constitutions de Théodose, ne vinssent le rajeunir. Le plus bel éloge de celui-ci sortit de la bouche de Laviguerie un jour où sa bonhomie, légèrement malicieuse, épanchait devant ses quelques amis les secrets de son cœur : « Roucoule se pique, disait-il, de connaître le droit » mieux que moi. Il se trompe. Je serais le premier juris- » consulte de Toulouse, si Espinasse n'y était pas. » Tant il est vrai, Messieurs, qu'au fond de la conscience, le sentiment intime de la valeur personnelle acquitte les dettes que l'on contracte avec la modestie.....

Laviguerie, Espinasse, Roucoule, ces illustres collaborateurs, avaient établi entre eux une liaison qu'ils gardèrent jusqu'au dernier jour de leur vie, et une étroite communauté de travaux qui leur rendait la science plus douce, l'étude plus légère. Toute affaire un peu grave les rassemblait pour conférer dans le cabinet de Laviguerie où ils tenaient leurs séances : c'était l'atelier de ces savantes consultations qu'ils délibéraient ensemble, monumens de raison et de justice , qui allaient exercer devant les tribunaux une autorité presque égale à celle des lois. Dans ces fréquentes conférences , Roucoule apportait une logique fertile en expédiens, un esprit rempli de souplesse et de ressources. Espinasse, en homme du passé, y déroulait la science des précédens et son érudition romaine. Mais Laviguerie ne connassait pas d'égal dans cette législation qui n'a jamais été écrite, et qui n'a pas eu besoin de l'être: à lui cette partie divine du droit, qui ne saurait mourir ; à lui, non pas tant le texte périssable que le for intérieur et les principes éternels qui ne passent pas. A ce glorieux triumvirat il serait injuste de ne pas joindre, pour le confondre dans nos louanges , cet autre avocat-consultant de qui l'on peut dire qu'il eût obtenu plus de renommée s'il n'avait pas eu de fils. Laviguerie , Espinasse , Roucoule, Romiguières , association féconde qui produisait un faisceau de lumières! Elle semble revivre sous nos yeux, dans la carrière de la plaidoirie, grâce aux membres en crédit à la barre de cette cour, les talens les plus beaux , les plus heureux , les plus habiles, les plus nets, parmi ceux dont cet ordre s'honore , et qui, chaque jour, l'honorent davantage (1).

Essaierai-je maintenant de caractériser la nature d'esprit de Laviguerie, devant vous, Messieurs, qui étiez ses confrères, et qu'il me conviendrait mieux d'écouter ici? Avant touf, on admire , dans les travaux de juriste qui sont sortis de sa plume, je ne sais quel mélange de simplicité native et de sagacité peu commune, un rare bon sens, un savoir abreuvé aux sources vives, une fermeté de doctrine qui ne se dément jamais. Il possédait d'abord un jugement sûr de lui-même, et cet infaillible instinct d'équité que refuse parfois la pratique mûrie de affaires. La rectitude lumineuse

---

(1) MM^{rs} Féral, Alexandre Fourtanier, Mazoyer, Soueix......

de ses idées trouvait sa source dans la droiture de sa conscience. Preuve de plus en faveur de l'axiôme : Le droit est la raison écrite. Au mérite intrinsèque de ses décisions se joint celui de leur briéveté extrême. Ces dissertations substantielles sont peu chargées de paroles, mais pleines de choses. Quelques lignes lui suffisent pour exprimer un principe, poser une règle, signaler une exception, alléguer un exemple ou citer un fait. Autant il était judicieux dans le choix de ses moyens, autant il se montrait sobre et concis dans leur développement. On rapporte à ce sujet qu'un notaire de l'arrondissement d'Albi avait sollicité l'avis par écrit de notre jurisconsulte sur une affaire importante, en accompagnant sa demande d'un très long mémoire à consulter. Quelle fut sa surprise de recevoir une consultation renfermée dans une simple feuille de papier timbré ! Craignant qu'un défaut d'examen n'ait empêché le jurisconsulte de délibérer un plus long avis, il se hâte de lui adresser un supplément de mémoire. Le porteur du message, aujourd'hui avoué près la cour (1), raconte qu'en l'accueillant, Laviguerie ne put maîtriser la violence de son caractère, naturellement ardent, mais qu'il était parvenu à retenir sous l'enveloppe d'une mesure et d'une douceur parfaites : « On ne m'a pas compris! » s'écria-t-il alors. Puis, avec cette vivacité qu'il apportait lorsque la contradiction venait l'échauffer, il dicta de verve et sans désemparer quatre pages entières, uniquement consacrées à établir que sa première consultation renfermait toutes les questions du procès réduites à leur expression la plus simple.

Peut-être sa science manquait-elle d'élan: étroitement prisonnière dans le cercle restreint des intérêts privés, elle recherche un peu les horizons bornés, sans trop songer à

---

(1) M⁰ Tournamille.

les élargir. Ses habitudes excluent les considérations générales. Mais cette intelligence d'élite n'est pas riche seulement du butin des livres ou des conquêtes de l'étude; aux
fruits d'une longue expérience , que sa prodigieuse mémoire lui avait conservée , il savait ajouter encore les trésors de son propre fonds.

Du reste , ne cherchez pas dans ses nombreux écrits les
apprêts de l'art ou les formes littéraires. Son style, à la
phrase traînante, aux tournures naïves , aux incises em-
barrassées, est , pour ainsi dire, tout d'une pièce. C'est le
style judiciaire, dans la sècheresse et l'aridité de l'expression. Mais si cet écrivain de l'ancien barreau n'a la préten-
tion de posséder aucun des dons brillans qui séduisent, il
peut s'en passer , doué qu'il est d'une qualité qui, dans les
affaires , les remplace toutes , sans que les autres ensemble parviennent à la remplacer : il exprime ses idées comme il les conçoit, avec une clarté transparente et limpide ;
et le langage qu'il parle en maître suffit à sa pensée.
C'est la langue austère du droit , la plus difficile de toutes,
parce qu'elle doit être nette et précise.

Ne lui demandez pas davantage une discussion symétri-
que qui enchaîne ses raisonnemens et aligne ses preuves, qui
dispose ses argumens avec un soin méthodique , qui sa-
crifie tout aux sévérités de la logique. Non ! cet avocat ap-
porte en affaires une hauteur de principes qui réfléchit la
loyale franchise de son caractère et les convictions reli-
gieuses de son cœur. Négligeant les artifices qu'il dédaigne,
il va en ligne droite devant lui ; avec un naturel d'honnê-
te homme , il marche à coup sûr à la démonstration qu'il
emporte de haute lutte. La subtibilité sophistique n'est
pas son arme. Si sa pénétration ne laisse échapper rien de
ce qui peut être découvert , on le répute habile sans que
l'on redoute son habileté. Chez lui, la finesse de l'esprit
n'en a jamais compromis la droiture: au contraire, l'éner-

gique pureté de son âme fournit à sa raison de nouvelles lumières. Le souvenir en vit encore dans une locution proverbiale que les plaideurs d'autrefois nous ont transmise. On leur demandait au palais: « Êtes-vous décidés à » plaider, et voulez vous connaître à l'aide de quels argumens » votre affaire doit être défendue? » Et alors, on les conduisait auprès de tel avocat habile, faisant valoir un peu tous les moyens, en homme qui tient d'abord au succès de sa cause. « Mais, ajoutait-on, voulez vous savoir avant » tout si votre procès est bon? venez chez M. Laviguerie. »

C'est qu'en effet une sorte de pudeur instinctive semblait arrêter le sophisme sur les lèvres de cet homme de bien. Jamais, dans ses avis, il ne perdit de vue les prescriptions austères de la bonne foi. Il ne sacrifia jamais aux passions des cliens sa sincérité intérieure qui ne connaissait ni déguisemens ni capitulations. Aussi n'était-il pas aux ordres de tous les procès ni de tous les plaideurs. Et, par exemple, il refusa constamment de s'occuper de questions relatives au divorce, parce qu'il répugnait à sa conscience que l'engagement civil du mariage fût laissé sur la même ligne que les contrats ordinaires, et que le simple consentement des parties pût rompre le bail conjugal. Il devançait de ses vœux une consécration plus expresse, dans la loi, de la morale religieuse et domestique. C'est en se respectant ainsi qu'il savait se faire respecter; il inspirait la confiance absolue que commande toujours la dignité de soi-même. Des contrées voisines, on accourait le consulter; tout le Midi invoquait ses lumières. Le plus souvent, les parties qui se rencontraient dans son cabinet, s'en remirent à son arbitrage, empressées de recueillir ses décisions comme souveraines. Neutre au milieu de leurs passions, il gardait entre elles toute l'impartialité de la loi. Le jurisconsulte toulousain par excellence avait imprimé à ses opinions une autorité sans rivale au palais : sa sagesse préparait les arrêts ; son avis était un premier jugement. Au sortir de l'audience, les magistrats qui n'ont jamais dédaigné le cabinet de nos anciens, allaient de préférence à Laviguerie, lui soumettre les embarras de la délibération.

Personne n'apportait d'ailleurs plus de sévérité dans le conseil. Un examen d'autant plus approfondi que l'influence de son opinion était plus grande, précédait toujours l'émission de son avis. « Allez chez Romiguières ! » disait-il aux cliens qui venaient le consulter sur les lois de l'administration publique. Les principes du droit administratif, presque étrangers à ses habitudes, avaient été l'objet d'une étude spéciale pour celui de ses confrères qu'il chérissait le plus. S'il hésitait dans les discussions engagées sur les règles alors nouvelles et toujours confuses du droit administratif, il était tout entier dans sa force et sur son terrain quand il s'agissait des grands problêmes du droit civil au sort desquels sont liés l'état des familles et la fortune des citoyens. Quelque thèse qu'on lui soumît, la solution arrivait à l'instant toute prête, tant il avait mis en réserve pour lui-même d'élémens de décision. Seulement, si parfois on l'a vu faire défaut à la promptitude, s'il donnait à son esprit le temps de la maturité, c'était par déférence pour la vérité, par égard pour la justice.

Ce rare assemblage de qualités éminentes justifie le haut degré de considération où le nom de Laviguerie était parvenu. Ce nom, qui jouissait à bon droit de tant d'autorité dans le monde des affaires, avait aussi retenti au dehors du palais ; et le bruit de sa réputation, qui ne fut cependant jamais à la hauteur de ses mérites, était arrivé, sans qu'il l'ait voulu, jusqu'à l'oreille des ministres. On a souvent raconté comment le préfet Richard entra en relation avec Laviguerie. Dans un voyage à Paris, ce haut fonctionnaire, récemment chargé d'administrer le département de la Haute-Garonne, avait été admis à l'audience du grand-

juge Régnier. Le ministre de la justice, l'interrogeant sur
la situation judiciaire de son chef-lieu, demanda au préfet
des nouvelles du célèbre Laviguerie. Mais l'attention de M.
Richard n'avait pas été excitée par des travaux, purement
utiles, qui s'opéraient dans le silence. Ce fut l'Excellence qui
lui apprit, avec semonce, quel était le plus savant de ses
administrés. Honteux de ne pas le connaître, le préfet, à
son retour, s'empressa de rendre ses devoirs au plus modeste des jurisconsultes.

Un fait moins connu, quoique plus honorable encore,
se rattache à cette belle vie et doit ici trouver sa place. Un
client avait pris le conseil de Laviguerie sur un point de
droit très délicat, dont la solution décidait de graves intérêts. Dans sa sollicitude inquiète, il voulut, plus tard,
fortifier sa cause par l'adhésion d'un homme haut placé, dont
le nom est à lui seul un éloge. En conséquence, il alla chez
de Sèze, solliciter l'appui moral d'un avis, sans faire connaître celui qu'il avait déjà recueilli, à l'illustre avocat qui
devait bientôt obtenir pour prix de son dévoûment les
grandeurs les plus enviées de la magistrature. En retirant
sa consultation, le client y jette les yeux, et dit à de Sèze
qu'il s'estime heureux de trouver son opinion conforme à
celle d'un jurisconsulte de Toulouse, de Laviguerie. « Com-
» ment ! s'écrie son noble interlocuteur, c'est après avoir
» consulté M. de Laviguerie que vous entrez dans mon ca-
» binet ! mais apprenez, Monsieur, que si j'avais eu le mal-
» heur de n'être pas d'accord avec ce savant confrère, j'au-
» rais brûlé ma consultation ! » Un hommage aussi flatteur
n'a pas besoin de commentaire.

Ce respectable, et je puis bien ajouter cet illustre jurisconsulte, par une étrange injustice dans la distribution
des faveurs, ne devint l'objet d'aucune distinction, ni sous
le gouvernement impérial dont les grandeurs militaires
avaient conquis toutes ses sympathies, ni sous la Restaura-

tion qui pourtant se faisait gloire de récompenser les vertus distinctives de Laviguerie. Renfermé en lui-même, il
ne demandait jamais ce qu'il avait si bien mérité. Plusieurs
fois la Cour se fit un devoir de signaler cet oubli à réparer.
Le procureur-général Gary, exprimant le même vœu, présenta son nom aux grâces ministérielles: mais de tout temps
le plus sûr moyen de les obtenir n'a pas été de les mériter.
L'étoile de l'honneur ne vint pas décorer sa poitrine, et le
jour de la justice se fit trop attendre. Laviguerie n'est pas
de ceux pour qui l'on doive le regretter; parce que les honneurs n'ont pu rien ôter comme ils n'auraient pu rien ajouter à sa considération. L'opinion publique et l'estime de ses
confrères ne recherchaient pas moins toutes les occasions
de le placer à un rang que ne lui disputèrent ni la rivalité
ni l'envie.

Il lui fut accordé la plus douce récompense de son noble
caractère, dans une solennité mémorable dont plusieurs
des anciens qui prêtent leur attention à mes paroles ont le
souvenir bien présent et bien cher à la mémoire et au cœur.
Le 14 décembre 1810 avait vu le rétablissement légal et
officiel de l'ordre des avocats. Pour couronner cette œuvre
de justice, un nouveau décret ordonna l'installation des
cours impériales ; et le sénateur Desmeuniers reçut la mission de replacer les magistrats de Toulouse sur les siéges
de l'antique parlement. Le premier juin 1811, cette belle
cérémonie réunit à la grand'chambre tous les affiliés du
palais. Elle fut pour le respectable doyen de l'ordre comme
une véritable et touchante ovation. Tous les jeunes avocats,
ayant MM^{rs} Tajan et Romiguières fils à leur tête, se trans-
portent chez lui, revêtus du costume de la profession.
Graves et recueillis, ils accompagnent la chaise à porteur
du vénérable jurisconsulte, depuis la rue Montgaillard
jusqu'à la cour, et ils le portent presque en triomphe à
l'audience de la grand'chambre. Quand on l'y vit entrer,

entouré d'Espinasse , de Romiguières , de Roucoule , avec cette robe noire, empreinte encore de la poussière du vieux prétoire , qui rappelait tant et de si glorieux souvenirs , l'émotion devint générale. Ces patriarches du barreau toulousain purent entendre le sénateur Desmeuniers , dictant aux avocats les nobles maximes du juste et du vrai, citer lui-même pour modèles de l'ordre , *ces savans jurisconsultes, renommés partout comme des oracles* (1).

Le barreau rétabli en titre, restait à élire un bâtonnier. Le nom de Laviguerie était dans toutes les bouches; et , si ses confrères avaient pu décerner cette dignité suprême, la plus honorable dont un membre de l'ordre puisse être revêtu, la reconnaissance aurait assez indiqué à chacun le choix qu'il devait faire. Mais nous vivions alors sous le règlement militaire de 1810. Le chef de l'état, qui avait une double rancune à contenter, la résistance légale des avocats au 18 Brumaire, et leur vote négatif pour l'empire, protégeait à peine le barreau dans les conditions essentielles de son existence. C'était le procureur-général qui avait le droit de composer le conseil de discipline , et la nomination du bâtonnier lui fut encore réservée. M. Corbière s'empressa d'offrir à Laviguerie le digne prix de ses travaux. Mais le vieil avocat était trop noblement jaloux des prérogatives de son ordre, pour accepter le bâtonnat qu'il ne pouvait recevoir des mains de ses confrères: il refusa cette distinction , glorieuse à obtenir; et pendant douze années consécutives , malgré les offres les plus flatteuses, les plus embarrassantes pour son amitié , il a persévéré dans le respectable scrupule de ce refus.

Toutefois , dès cette époque de la réinstitution de l'ordre, il fut choisi pour siéger au sein de son conseil. Il y parut

______

(1) « .... les grands jurisconsultes de la cité palladienne, reconnus » partout comme des oracles , auront des successeurs.... »

sans interruption, il en suivit les séances avec exactitude , contribuant, par l'autorité de ses exemples autant que par l'expérience de ses avis, à faire refleurir l'antique discipline de nos règles. A cette sorte d'occupations se rattachent ses travaux au bureau de consultations gratuites. Les lois de l'ordre avaient formé, parmi les premiers de ses membres, une association pour vaquer généreusement à la défense des plaideurs nécessiteux. Le plus désintéressé des hommes demeura long-temps chargé de cette mission qui répondait si bien aux nobles penchans de son cœur. Il remplit sa tâche avec autant d'amour que les autres devoirs de sa profession qu'il estimait comme un sacerdoce. On le voyait, dévoué sans réserve à toutes les infortunes, préparer et mûrir à l'égal des autres, les décisions que les indigens venaient lui réclamer. Ce n'était pas encore assez pour accomplir toutes les inspirations de son ardente charité. Le conseil des hospices se laissait dominer par son influence. Président du comité consultatif, sa présence a laissé des souvenirs qui ne s'effacent point dans ces fonctions éminemment utiles où il est réservé de faire beaucoup de bien.

Enfin , l'ordonnance royale du 20 novembre 1822 , moins avare pour la profession d'avocat des anciennes franchises, signala l'avènement de Laviguerie au bâtonnat. L'élection avait été rendue aux membres du conseil, qui, d'une voix unanime, le désignèrent pour ces honneurs. Au terme de son premier exercice, ils le placèrent une seconde fois à leur tête. Défenseur vigilant des priviléges de la corporation dont il était comme la sentinelle avancée, il sut maintenir les droits de tous , rappeler chacun à son rang, à ses obligations, accorder tous les devoirs, conjurer tous les dangers de la charge qui lui était commise.

Survivant à son époque , comme pour ménager la liaison du passé au présent, il en avait surtout gardé une bienveillance cordiale envers ceux qui suivaient avec lui la même carrière. L'aménité dans les rapports de confrère fut son dogme invariable durant tout le cours de son long exercice. Il ne l'a point oublié, le vénérable professeur de notre faculté, qui vint autrefois s'établir sous ses auspices au barreau de Toulouse, et à qui cette médiation puissante facilita les abords des tribunaux (1). Ils le savent aussi les avocats aujourd'hui en possession de cette barre, qui, avant de plaider les grandes causes, se donnaient rendez-vous dans le cabinet de notre jurisconsulte. Comment, après cela, s'étonner, s'il trouva au barreau autant d'amis qu'il eut de confrères ?

Mais c'est à l'égard des légistes les plus jeunes que le patriarche de la science du droit exerçait son patronage avec une générosité vraiment douce et facile. Nul n'a été pour eux un guide plus secourable ni plus aimant. Combien de sages conseils ils ont reçu dans l'intimité de ces relations si regrettables et jadis si nombreuses, qui resserraient entre les avocats le lien de la fraternité ! avec quelle sollicitude il protégeait leur inexpérience ! comme il s'étudiait à adoucir pour eux ces heures d'amertume dont le retour est si fréquent dans les avenues de notre pénible profession ! Un jeune avocat, mis ainsi en rapport avec lui, donnait-il en sa présence quelque preuve de talent, quelque espoir d'avenir ; il avait fait dans son cœur autant de chemin que dans son esprit. On entendait aussitôt Laviguerie prêter au débutant l'appui flatteur de ses encouragemens ; il applaudissait avec une joie paternelle à ces premiers succès qui décident de l'avenir, et ses sympathies le suivaient à une longue distance dans les voies ouvertes par le travail. Un avocat de notre tribunal, élevé à l'école judiciaire de ces anciens qui formaient tant de maîtres parmi leurs disciples, me disait, il y a peu de jours : « Je ne suis jamais sorti de chez M. La-

____

(1) M. Malpel.

» viguerie que les larmes aux yeux , tant il m'a toujours ac-
» cueilli avec une bonté et un charme inépuisables (1) ! »
« Il faut, répétait dans ces occasions le digne jurisconsulte, il
» faut se montrer bienveillant envers les jeunes gens sans
» protecteur, perdus dans la foule ; tous n'ont pas eu,
» comme moi, les leçons d'un Mentor pour les bien diriger
» dans leurs études juridiques , ni les mérites d'un père
» pour faire connaître leurs noms au palais. »

Qui fut plus éclairé de ses conseils que le jeune magistrat qui eut le bonheur de se former auprès de lui (2)? Quand
les occupations du cabinet, moins actives, permettaient
à Laviguerie une heure de relâche, le studieux disciple
venait lui demander des éclaircissemens sur les difficultés qui l'avaient arrêté dans ses travaux de la journée.
Alors le maître et l'ami se montraient à la fois. Laviguerie
se plaisait à ouvrir les trésors de son érudition ; il allait
même jusqu'à dicter ses leçons instructives. Puis il ajoutait
avec malice : « Je crois bien que vous cherchez à me déro-
» ber ma science ! » Mais, comme il préférait le bonheur
de répandre la lumière au plaisir égoïste de la garder sous
le boisseau , il s'empressait d'encourager de plus fort
son secrétaire dans ce qu'il appelait si heureusement des
larcins.

Qu'il me soit permis de rapporter un dernier récit où
brille ce trait distinctif du noble caractère auquel en ce
moment je rends hommage. Jamais peut-être il ne fut
plus nécessaire d'honorer ces anciennes traditions que
Laviguerie a si long-temps pratiquées. Elles s'en vont un
peu trop s'affaiblissant de nos jours, on ne peut se le dissimuler : malgré le bon vouloir des anciens, il s'est fait dans
nos rangs plus d'intervalle qu'il n'est désirable. Pour moi,

______

(1) Mᵉ Bahuaud.
(2) M. Victor Fons, dernier secrétaire de Laviguerie, depuis 1825,
aujourd'hui juge au tribunal de Muret.

Messieurs, je n'en veux accuser ici que nous-mêmes. Un amour exagéré de l'indépendance semble nous éloigner de nos chefs, et nous faire oublier cette déférence filiale d'autrefois qui portait bonheur aux jeunes avocats. Je vous en dois bien un exemple.

Vers les premières années de ce siècle, plusieurs jeunes gens que leurs familles destinaient à la carrière judiciaire, désireux de remplacer les études préparatoires dont le malheur des temps les avait privés, se réunirent, et fondèrent dans la petite rue des Regans une société de jurisprudence. Le travail, comme celui des deux sociétés d'aujourd'hui (1), consistait à joindre la pratique à la théorie, à mettre en discussion contradictoire des questions supposées à résoudre dans des procès imaginaires. Des plaidoiries avaient lieu devant un tribunal fictif; et chacun à son tour y remplissait les fonctions d'avocat, de ministère public, de juge. Mais la société naissante, faute d'autorités dont le trop grand nombre nous embarrasse aujourd'hui, dès les premières séances, se trouva indécise entre ce que le pour et le contre lui avaient présenté d'argumens. Dans cette perplexité, on résolut d'aller prendre l'avis personnel des plus graves jurisconsultes; et tout d'abord, plusieurs membres se rendirent chez Mᵉ Laviguerie. Le vénérable doyen de l'ordre les reçut avec empressement: il écouta l'exposé verbal de la question qui s'offrait à juger, et, après l'examen des raisons de douter, il émit son opinion, toujours sage, toujours judicieuse. Puis, il s'enquit avec un intérêt paternel du nouvel établissement, rendit hommage à l'utilité de cette institution ; il voulut connaître son organisation dans les moindres détails. Au moment de prendre congé de l'excellent vieillard, nos jeunes gens, enchantés de cet accueil, parlèrent timidement de payer

____

(1) Sociétés de jurisprudence, fondées à Toulouse le 1ᵉʳ mars 1812 et le 6 janvier 1838.

la consultation. Mais Laviguerie se récria vivement contre
cette idée de mettre à prix les services de confraternité :
« M. Laviguerie, dit alors l'orateur de la députation, nous
» n'oserons plus avoir recours à vos lumières. — Qu'à cela
» ne tienne! répondit-il ; sachez, mes amis, que si je ne
» vous revois ici chaque semaine, je prendrai la peine de
» me rendre moi-même au milieu de vous. » On devine que,
trop heureuse de ces rendez-vous, la société de jurisprudence fut exacte à venir lui soumettre un compte heb-
domadaire de ses travaux. Laviguerie ne dédaigna jamais
d'éclairer ses jeunes confrères sur les difficultés qui les
arrêtaient dans leurs exercices, et, comme d'habitude, il
leur donnait des solutions garanties par son expérience.

Cette honorable conduite, que je ne saurais assez louer,
valut en retour à Laviguerie la seule récompense qu'il permit d'y attacher. Autant le jeune barreau l'estimait pour
sa science, autant il l'aimait pour cette affabilité. Quand le
doyen des avocats de Toulouse sortait de sa retraite, il se
retrouvait au palais en famille. Dominés par un vif sentiment
de vénération filiale, tous se groupaient autour de cet
homme d'un autre âge, et à l'envi lui faisaient fête. Une
admiration respectueuse s'attachait à ses actions, et rete-
nait ses paroles. Heureux de retrouver soixante ans de
souvenirs, on écoutait alors avec recueillement ce contemporain des splendeurs d'autrefois : il semblait que, par
sa bouche, le siècle passé élevait la voix pour enseigner
l'âge présent.

Mais, pour le connaître tout entier, il faut passer le seuil
du sanctuaire où se confine, avec le silence, le travail, la
méditation, cette existence provinciale qui était celle de
nos bons aïeux. Dans une des rues les plus ignorées de la
ville, au fond d'une maison bourgeoise, calme et retirée,
s'élève sa retraite, aussi simple, aussi modeste que l'est sa
personne. Quand autour de lui le luxe va croissant, il a

conservé l'austérité des mœurs parlementaires, même la parole et l'accent familiers du terroir, et jusqu'au costume d'avant 89. On ne peut vraiment porter sa renommée avec plus de simplicité. Le faste est rigoureusement banni de ce cabinet où il a passé plus de soixante ans de sa vie, et où, durant près d'un demi-siècle, il s'est traité autant d'affaires qu'au palais : une immense bibliothèque, l'instrument de sa fortune, une table de travail, un grand fauteuil, quelques siéges, en forment tout l'ameublement, dépouillé d'ailleurs d'ornemens étrangers à la science. C'est là que Laviguerie, dans son fauteuil de jurisconsulte, le corps voûté sous le poids du travail, va passer dix-huit heures par jour, au milieu de ses livres. L'étude y devance l'aurore. Mais avant de reprendre les dossiers examinés la veille, il fait précéder ses travaux de la lecture d'un saint livre. Chaque matin, la Bible ou l'Évangile reçoit la confidence de ses premières pensées. Au retour de la messe, il ouvre la porte de son cabinet à la foule, avide de le consulter. Toute la journée, il reçoit ses cliens, les écoute, lit leurs papiers ; ensuite il les conseille, et, le plus souvent, son avis se résume en ces termes : « Il ne faut pas plaider, » un mauvais arrangement est préférable à un bon procès. » Vers le milieu du jour, l'heure du repas réunit autour de lui trois générations de sa famille qui semblait ne se multiplier que pour l'aimer davantage. Aux douces lueurs du foyer domestique, ce vieillard souriant retrouvait ces affections immédiates, peu variées, peu nombreuses, dont son cœur avait besoin. L'aïeul suivait, avec un intérêt indicible, la jeune vie, insouciante et rieuse, de ses petits-enfans. Il vivait de toute son âme auprès de ses filles dévouées, dont le saint amour faisait le bonheur de son intimité et la consolation de sa vieillesse. Avec elles il partageait en commun ce qu'en leur absence il avait recueilli de bien et de mal, pour jouir mieux de l'un, pour souffrir moins de l'autre..... Bientôt ses cliens le rappellent au cabinet. Alors, redevenu grave, il fait admirer cette puissance d'attention qui se captive sans effort et se soutient sans fatigue. Il fallait le voir, silencieux en lui-même, s'absorber dans ses méditations, et, les yeux fermés, écouter ainsi, jusqu'au moment où il révélait les trésors de son érudition et de sa pratique. Plus d'un plaideur inquiet se prit, dit-on, à trembler, à l'apparence équivoque de cette immobilité recueillie. A huit heures du soir, le cabinet se ferme enfin aux visiteurs. Mais, de même qu'en arrivant, son secrétaire l'a déjà trouvé à l'ouvrage, en se retirant il l'y laisse encore. Laviguerie possédait une de ces organisations bienheureuses et exceptionnelles pour lesquelles l'activité de l'intelligence est un état normal nécessaire. « On s'instruit toujours et à tout âge, » disait-il avec raison ; car il parlait de cette science du droit, si vaste, si variée, que celui qui sait le plus, celui qui sait le mieux, a toujours quelque chose à y apprendre.

L'inaction semble impossible à de telles natures. Après les fatigues du jour, son délassement, c'est un travail nouveau. Absorbé par les consultations et les mémoires qu'on lui demande de toute part, il ne peut guère songer à écrire pour le public. Seulement, il a entrepris, avec une prévoyance toute personnelle, un immense répertoire, source abondante de solutions, où il va puiser, dans l'intérêt de ses cliens, pour la plupart des difficultés qu'ils lui soumettent. Ce vaste corps de notes est le dépôt d'un esprit infatigable qui a passé les trois quarts d'un siècle à étudier les lois. Là s'ajoute incessamment le butin de ses recherches dans les ouvrages nouveaux, dans les recueils d'arrêts, qui le maintiennent au niveau des progrès de la science. Il consacre la veillée à enrichir ainsi ses tablettes. A la dernière heure du soir, il médite avec Puffendorf et Barbeyrac les devoirs de l'homme et ceux du citoyen, il approfondit sur Grotius les théories de la paix et le droit de la guerre. Et souvent, la lampe éclaire encore au milieu de la nuit sa pieuse lecture d'un sermon de Bourdaloue. Voilà quelle fut, jusqu'aux derniers jours de sa vieillesse, la vie journalière du jurisconsulte le plus laborieux de son temps. C'est ainsi que l'on étudiait à une époque où les compilations abrégées et les répertoires encyclopédiques ne venaient pas encore offrir sans effort une érudition d'emprunt ou ces connaissances trop facilement acquises qui se perdent de même. Nos anciens ignoraient presque cet art commode, d'invention assez récente, de tout connaître sans avoir beaucoup appris.

Je ne sais, Messieurs, qu'une chose supérieure à l'amour du travail qui fut le trait saillant de cet homme antique; c'est la pureté des principes et des sentimens qui ont fait le grand honneur de sa carrière. Distingué par l'esprit, Laviguerie fut plus éminent encore par le cœur. Pénétrons plus avant dans l'intimité de ses habitudes : pour être appréciée à sa hauteur, une telle vie veut être éclairée sous toutes ses faces. Du premier jour à son dernier moment, ce ne fut qu'une œuvre admirable de vertu. Bon par essence, elle semblait ne lui rien coûter : en le voyant si pur, on la croirait facile ; il la ferait chérir dans ce qu'elle a de plus sévère. L'innocence de ses mœurs était patriarcale. Jamais le foyer domestique n'a donné asile à autant de mérites: sa vie privée soutient les regards de la morale la plus austère.

Parlerai-je de ses titres à la considération publique dans l'exercice de la profession qu'il a si fort ennobli? Que dire de cet avocat intègre qui ne songeait qu'à étouffer les passions des cliens, qui ne pénétrait dans le secret des familles que pour y ramener la paix et l'harmonie? Les prétentions irréfléchies venaient expirer devant la sagesse de ses conseils. A son tribunal privé, il s'apaisait autant de

contestations qu'au grand jour des audiences. Ainsi prati-
quée, ainsi comprise, la mission du jurisconsulte s'élève
et se confond avec le ministère même de la justice.

Les traditions de l'ordre ont porté jusqu'à nous une foule
de récits touchans et d'anecdotes piquantes qui justifient
la popularité acquise surtout au désintéressement sans
exemple de cet homme de bien. Ils provoqueraient presque l'incrédulité, si le témoignage irrécusable de ses
contemporains n'était là pour y rendre hommage. Cette
qualité, non moins essentielle à l'avocat que la connaissance
des lois, il l'élevait jusqu'à l'exagération, s'il est permis
de s'exprimer de la sorte. Quand sa réputation fut solidement établie, et que de tout côté on vint solliciter le poids
de sa signature, il refusa de mettre un plus haut prix à ses
chefs-d'œuvre d'érudition et de logique. Le vieux barreau
avait fixé pour les honoraires du simple conseil quatre écus
de trois livres. Jamais Laviguerie ne permit aux plaideurs
de dépasser ce tarif aussi modeste qu'invariable, sans égard
à leur rang, sans souci de leur fortune. Rien de plus populaire au palais que l'histoire de la consultation-Ouvrard.
Le fameux fournisseur, assigné par Tourton, était venu
chez Laviguerie, le rendre juge de la régularité de ces
poursuites. A l'issue de la conférence, il avait déposé cinq
cents francs sur le bureau du jurisconsulte. Celui-ci ne
prit garde à cette libéralité qu'après la sortie du client.
Aussitôt, il l'envoie prévenir de l'erreur qu'il a commise.
Mais le munitionnaire sut lutter avec lui de générosité, et
refusa de reprendre ce qu'il avait bien voulu donner.
Forcé de recevoir ces cinq cents francs, Laviguerie, après
avoir prélevé son modique honoraire, fit remettre la somme
presque entière au curé de l'église voisine, dispensateur
de ses abondantes aumônes.

C'était peu de prodiguer le conseil de vive voix ou par
écrit au premier venu des indigens qui recourait à ses lu-

mières. Attentif à ne pas blesser la pauvreté honteuse , il ajoutait toujours dans ces occasions : « Vous me paierez » quand j'en aurai besoin ; aujourd'hui je ne sais que faire « de l'argent. » On sait son mot charmant de grâce et de naïveté à cette veuve malheureuse qui insistait pour rembourser au moins le prix du papier timbré : « Bonne » femme, il ne me coûte rien, je suis abonné, je l'achète en » gros! » Et que de fois il accompagna par des dons en argent le bienfait de ses consultations gratuites. Je suis heureux d'avoir à révéler ici un de ces traits d'héroïsme qui honorent dans sa personne l'ordre des avocats tout entier.

L'épouse d'un négociant de cette ville, dont quelques spéculations malheureuses ruinèrent la fortune, était allée consulter Laviguerie, en compagnie de son avocat (devenu plus tard l'un des notaires de Toulouse (1), sur un procès qu'elle avait à peine assez de ressources pour soutenir. Une question de droit, des plus épineuses en matière de dot, s'y présentait à décider : la position de la consultante n'était pas moins digne d'intérêt, que sa cause favorable en équité. Ce fut l'avis du savant jurisconsulte. Après avoir libéralement fourni le tribut de ses lumières, il prend son jeune confrère à l'écart, et glisse des pièces d'or dans sa main, en lui disant : « Il serait malheureux que cette dame » fût empêchée de poursuivre l'instance. » Là ne devait pas se borner sa sollicitude. La veille du jour fixé pour la plaidoirie de cette affaire, l'avocat reçut de longues et savantes notes , sorties de la plume de Laviguerie qui lui écrivait : « Ayez courage ! votre cause est bonne, il vous » faut la gagner! » Le procès fut gagné en effet ; et la cliente s'empressa d'en apporter l'heureuse nouvelle à son bienfaiteur. Il est difficile de trouver des termes assez touchans pour consacrer le souvenir de la scène dont le cabinet

____

(1) Mᶜ Gineste.

de Laviguerie fut alors le témoin. Le bon vieillard repoussait avec douceur les offres d'honoraires les plus pressantes. On parla de le rembourser ; même refus. On comprend le chagrin de la dame, ignorant encore toute l'abnégation de cette âme qui faisait le bien pour le bien lui-même. Laviguerie, pénétré de sa douleur, laissa échapper en sa présence le secret de sa vertu : « Ah ! si vous saviez, lui dit-il avec » émotion, combien le succès de votre affaire me rend » réellement heureux, vous ne m'en feriez pas un si grand » mérite ! »

Il est triste de rappeler que l'égoïsme et la cupidité rendirent souvent Laviguerie victime de sa loyale franchise. Vivant beaucoup plus au sein de ses études qu'au milieu du monde réel, il portait dans le commerce des hommes la simplicité d'un enfant. Dans la candeur de sa vertu dont il avait conservé la fleur d'innocence, il voyait tous ses cliens à travers le prisme d'une confiance aveugle. On l'a surpris retirant de la circulation les pièces de monnaie qu'il jugeait faibles de poids, et dont lui-même vérifiait les vices : « Ceux qui me les ont données, di- » sait-il, ne se sont pas aperçus de leur dépréciation ; » mais moi qui la connais, je ne peux en conscience les » émettre comme bonnes. » Et peu soucieux si la part des pauvres dépassait ses facultés, il continuait à répandre autour de lui ses prodigalités charitables. Providence de nombreuses familles, il distribuait à tous et à chacun, non pas cette aumône qui, en humiliant celui qui la reçoit, rabaisse celui qui la donne : ingénieux, au contraire, à dissimuler ses bienfaits, il emploie les ruses les plus délicates pour soulager en secret ces infortunes qu'un reste de fierté empêche d'étaler au grand jour. Etait-il surpris par quelque visiteur au milieu de cette distribution : « Tenez, » mon ami, disait-il à l'indigent, en lui remettant le tribut » de l'aumône, voici ce que votre débiteur m'a tout-à-

» l'heure chargé de vous compter. » Et il parlait ainsi avec une bonté si affectueuse, que ceux qu'il secourait lui avaient voué une reconnaissance pure de toute humiliation.

Ne voyez-vous pas, comme moi, Messieurs, dans ce caractère que je me complais à dépeindre, un de ces exemples fortifians que nous ont laissés les sages d'autrefois, un de ces modèles qui de nos jours reparaissent de loin en loin pour témoigner en faveur de la perpétuité de la vertu sur cette terre? Certes, c'est bien à Laviguerie qu'un biographe, digne de l'apprécier, a pu appliquer le *vir probus* de l'orateur romain (1). Mais, à mes yeux, il devrait être appelé le VIR JUSTUS de l'Évangile : et c'est ce glorieux titre que j'ai voulu adopter pour sa devise.

Encore ne connaissons-nous dans cette belle vie que les bonnes actions qu'il n'a pu nous dérober. Un noble sentiment que Laviguerie avait dans le cœur à l'égal de sa charité, c'était une modestie incomparable. Rien n'aura égalé tant de bienfaisance, si ce n'est tant de soin qu'il mettait à la cacher. Jamais on ne fit plus de bien sans le dire. Ses vertus sans apparat et sans apprêt ont une pudeur délicate qui les invite à se taire ; comme pour nous apprendre que le bienfait perd son mérite quand il se fait découvrir, et que sa grâce est flétrie si peu qu'il cherche à se montrer.

Il n'y a pas loin de ces vertus privées aux vertus chrétiennes. Aussi Laviguerie, sincèrement religieux, remplissait-il avec une pieuse assiduité toutes les saintes pratiques du Catholicisme. Des impressions et des études de sa jeunesse, il avait retenu la pureté d'une foi solide qui ne l'a abandonné à aucune époque de sa carrière. Les dernières années de sa vie donnèrent surtout le modèle d'une

---

(1) M. Tajan, auteur de l'excellente *Notice historique sur M. de Laviguerie*.

angélique piété. Chaque matin, on voyait ce vénérable octogénaire, appuyé sur le bras d'un serviteur, diriger ses pas tremblans vers l'église voisine. Alors un peuple d'indigens assiégeait sa porte, et se jetait sur son passage. Lorsqu'il sortait ainsi de chez lui, il recevait partout des témoignages de respect et de vénération, qui ressemblaient à une sorte de culte.

Un savant magistrat de cette cour, autrefois son confrère au barreau, et qu'il distinguait dans son estime, m'honorait dernièrement de cette confidence (1) : « C'est à » Saint-Exupère, me disait-il, que j'ai recueilli une des » impressions les plus vives que Laviguerie ait laissées » dans mon esprit. Prosterné au pied des autels, il assis» tait au saint sacrifice. La nef était silencieuse et presque » déserte. Quelques instans après la messe, je vis le pas» teur de l'église s'approcher de notre respectable doyen, » et le conduire en silence derrière l'autel. Lui, plein de » ferveur et de foi, il suivait avec la docilité d'un enfant, » jusqu'au seuil où le vieillard tomba à genoux devant le » ministre de paix. A voir ces saints hommes, l'un recueilli » dans les profondeurs de Dieu, l'autre saisi d'admiration » pour son humble pénitent, on aurait pu douter et se de» mander lequel des deux était le pontife. » Belles paroles, Messieurs, dont étaient dignes d'aussi belles vertus. Les hommes peuvent sans doute les honorer ; mais ils ne sauraient en décerner ici-bas la récompense.

Qu'on ne croie pas d'ailleurs que la piété de Laviguerie s'affublât d'un extérieur triste ou composé. De même qu'il savait allier une douce tolérance au zèle éclairé de sa religion, il répandait autour de lui les aimables saillies d'une gaîté communicative. Une verve piquante dévoilait tous ses charmes dans le secret de l'intimité. Au contraire de

____

(1) M. le conseiller Decamps (d'Aurignac).

quelques savans, que l'étude rend rudes et inflexibles, l'érudition et la retraite n'ôtaient rien à l'enjouement naturel de son caractère ; tant il était peu chargé du poids de ses affaires. En petit cercle de vieux amis, il détendait volontiers les ressorts de son intelligence ; et le premier, il donnait carrière au laisser-aller plein d'originalité qui animait ses entretiens. Notre idiome patois, aux mots bien frappés, aux images pittoresques, faisait toujours les frais de ses causeries familières. Il fallait l'entendre conter la plaisante histoire de ce vieil harpagon, bien connu au parlement, qui poussait l'avarice jusqu'à acheter, pour se vêtir, la défroque usée de son domestique (1). Quoique enveloppé sous une apparence de bonhomie et de naïveté, son esprit recélait des trésors de malice ; et l'âge n'avait pu en amortir la vivacité ni en émousser la finesse.

Ce talent n'eut pas de déclin. Jusqu'à la fin de sa verte vieillesse, il poursuivit l'œuvre de sa vie. Son dernier jour vit ses derniers travaux. Pensant n'avoir rien fait tant qu'il lui restait à faire, il disait avec l'accent de la conviction : « Je me reposerai quand j'aurai cent ans, et je vivrai » jusque-là. » Son seul regret était de voir s'évanouir la vogue de la consultation, jadis si florissante. « Le code civil » nous a ruinés, » disait-il en parlant des avocats consultants ; et cela, sans la moindre pensée d'intérêt personnel ; car il s'empressait d'ajouter : « Il y a aujourd'hui plus » d'honneur que de profit dans notre profession. Il ne faut » pas s'en plaindre ; le titre de jurisconsulte n'est pas une » patente, ni le cabinet un comptoir. » Arrivé aux dernières limites de la vie, il apporta plus de prudence et de réserve que jamais dans la dispensation du conseil. Vers 1825, un notaire de Verfeil, le désignant à la confiance des

---

(1) C'est encore un dicton populaire dans certains quartiers de Toulouse : *Es abaré coumo Drudas.*

parties, l'avait choisi pour tiers-arbitre dans une conte-
station (1). On vint supplier Laviguerie d'accepter l'honneur
et la charge de ce mandat. « Non, répondit-il, la mission
» du juge est un fardeau trop pesant pour mon âge. L'avo-
» cat peut encore donner des conseils, parce que ses cliens
» ont la liberté de ne pas les suivre. Mais le magistrat pro-
» nonce en maître; et ses erreurs ont cela d'irréparable,
» qu'elles portent atteinte à la dignité de la justice. » Dans
quelques rares occasions que l'on pourrait compter, ses
avis ne trouvèrent pas faveur devant les tribunaux. Loin
de critiquer leurs sentences, il s'en faisait rapporter avec
soin les motifs, et on l'entendit plus d'une fois avouer
noblement ses défaites, qu'expliquait l'ignorance des détails
révélés à l'audience. Voici comment il savait les réparer.

Dans le cours de ses longs travaux, il eut à se reprocher
une décision échappée par inadvertance à la sagesse de son
jugement. L'erreur est dans la nature de l'esprit humain,
et le savant le plus éclairé ne peut lui-même s'en garantir.
Chargé de l'examen d'une affaire importante, il avait
négligé dans le dossier une pièce décisive pour sa partie qui
perdit le procès. Après une observation plus mûre, recon-
naissant qu'il avait failli, il se hâta d'indemniser le plaideur, victime de sa distraction, en payant de ses propres
deniers la condamnation entière. Les annales judiciaires
citent une seule réparation aussi éclatante d'une faute
involontaire : elle appartient à Pothier, à qui l'on pourrait
comparer notre jurisconsulte sous tant de rapports. Cette
abnégation complète de soi-même est le cachet de l'homme
vertueux.

Un trait caractéristique, à peu près semblable en son
espèce, mais différent parce qu'il est d'une vertu plus

---

(1) **Affaire des héritiers Picou.**

haute peut-être et plus parfaite encore, mérite d'être pu-
blié. Il vous peindra, Messieurs, Laviguerie dans ce qu'il avait
de plus intime. On le consulta un jour sur un grave débat de
famille, dans lequel il s'agissait de régler une restitution de
fruits. Le point de droit qui en fixait les bases fut décidé
par lui d'après les anciens principes; et telle était l'autorité
dont sa science jouissait, que, de part et d'autre, cet avis fut
accueilli comme souverain, et exécuté à l'égal d'une sen-
tence. Plus tard, la lecture d'un recueil d'arrêts lui apprit
qu'à son insu la Cour suprême avait depuis quelque temps
modifié à cet égard la vieille jurisprudence, dans un sens
plus favorable à son client. Inquiet sur le sort de sa consultation, il attendait avec impatience d'en connaître les
résultats, lorsque l'homme dont, sans le vouloir, il avait
blessé les intérêts, revint lui soumettre une difficulté
nouvelle. Heureux de le revoir, Laviguerie l'interroge sur
le partage de famille, s'informe de la valeur des fruits
restitués; puis, le lendemain, au moment où le consultant
allait prendre congé de lui, éclairé par son avis : « Mon
» ami, dit notre jurisconsulte, qui lui présente un sac de
» quinze cents francs, voici une restitution que je dois vous
» faire. Le préjudice que je vous ai causé, j'aurais pu l'évi-
» ter en étudiant ce qu'il était de mon devoir de connaître.»
C'est en vain que l'autre résiste à cet excès de désintéressement et de scrupule. «Je ne puis garder votre bien, »
répond Laviguerie à toutes ses instances ; et force fut au
client d'accepter le remboursement de cette somme considérable. Admirable triomphe d'une conscience droite et
pure sur l'intérêt, disons mieux, sur l'amour-propre! Sans
doute, au point de vue d'une morale purement humaine,
l'avocat n'était pas garant du conseil que de bonne foi il
avait donné. Mais l'excellence des actions ne doit pas con-
sister dans les engagememens d'une probité commune.
C'est dans tout ce qui surpasse le devoir, que se trouvent

les vertus qu'il faut se proposer pour modèle, et les devoû-
mens dont on serait fier d'approcher.

C'est ainsi que le laborieux vieillard ornait de science
et de vertu les dernières années de sa carrière. Déjà plusieurs pertes étaient venu tristement avertir que l'ancien
barreau allait disparaître : à d'assez courts intervalles, la
mort dispersait une à une toutes ses gloires. Espinasse d'a-
bord, puis Romiguières, Roucoule enfin, s'éteignaient
insensiblement à la tête de l'ordre. De ces jurisconsultes
vénérés dont le vaste savoir jette un si vif, un si légitime
éclat sur le barreau de Toulouse, le nom de Laviguerie
restait seul debout au tableau des avocats dont il fut le
doyen pendant près de quarante ans. Il disait lui-même :
« Le temps m'a oublié ! » Toutefois, arrivé presque au
bout d'un siècle, il approchait du but. « Jeune de quatre-
» vingt-treize années, » suivant sa propre expression, il
pressentait n'avoir plus long-temps à jouir de la plénitude
des jours réservés aux sages. Il s'exprimait à cet égard avec
une piquante gaîté : « 93 m'a épargné une fois, il pourrait
» être moins bienveillant aujourd'hui. »

Doué d'une organisation où sa tempérance, sa sagesse
extrêmes balançaient harmoniquement toutes les forces,
il avait toujours joui d'une santé inaltérable. Mais alors son
ouïe s'affaiblit; bientôt ses yeux, brûlés par les années et
par l'étude, lui refusèrent leur service. Il se consolait de
ce déclin de l'âge, en répétant un de ces mots, délicieux
dans sa langue familière, dont il ne m'est pas possible de
traduire le charme naïf : « Mieux vaut encore, disait-il
» avec un fin sourire, s'en aller en détail que s'en aller en
» gros. » Cet Homère de notre ordre n'en continuait pas
moins de dicter ses consultations judiciaires qu'il ne pouvait plus lire. A ce moment même, sa résignation philosophique et chrétienne ne lui faisait pas défaut. « N'est-ce
» pas mon contrat de mariage que vous me faites signer ? »

demandait-il, tout en cherchant d'une main errante sur le papier la place où un avoué de la cour lui indiquait de poser sa signature (1). Alors sa mémoire, puissante et locale, dont on raconte des prodiges, lui rendit l'office du sens qu'il avait perdu. Cette faculté, merveilleuse chez lui, avait fixé dans son esprit et les principes invariables et les monumens épars du droit et surtout la jurisprudence du parlement qu'au besoin il savait rappeler avec une fidélité extraordinaire.

Dans le dernier mois de sa vie, un notaire de l'arrondissement de Saint-Gaudens vint le consulter sur l'interprétation qu'on devait donner à la loi 52 § 6 au digeste *pro socio*. Après l'exposé de l'affaire, qu'il écouta comme toujours avec une attention religieuse, Laviguerie pose nettement la question à résoudre, ouvre son avis, signale à l'appui l'opinion de Godefroy, cite le volume de cet interprète; on assure même qu'il indiqua la page à laquelle il fallait se reporter. Ce n'est pas tout. « Je me souviens, » ajouta-t-il, qu'il y a quelque quatre-vingt-dix ans, il » est intervenu sur la question un arrêt du Parlement, au » rapport de M. de Vic. Mon père avait instruit pour l'une » des parties en cause. » Et aussitôt son secrétaire, vérifiant ses factums au mot *communier*, y retrouva l'arrêt rendu, le 28 avril 1758, dans l'affaire des sieurs Charpentier du lieu de Sainte-Croix : toutes les indications étaient parfaitement exactes. En l'entendant parler ainsi, les cliens s'émerveillaient qu'on pût savoir tant et si bien à l'extrême vieillesse.

La maladie sembla respecter jusqu'au dernier instant les organes de sa pensée et la force de son intelligence. Etendu sur un lit de camp, que, d'après ses ordres, l'on avait dressé dans son cabinet, au milieu de ses livres, il accom-

____

(1) M⁰ Carles.

pagnait de ses observations judicieuses la lecture des leçons les plus abstraites de Puffendorf. « Je dois mourir sur
» la brèche ! » répétait-il aux visiteurs qui l'engageaient à
suspendre le cours de ses travaux.

Sa dernière consultation, celle-là même dont je viens de
rapporter l'histoire, a pour date le 8 décembre 1829.
Quinze jours plus tard, il était au moment d'expirer dans
les bras et sous les bénédictions du vénérable curé de Saint-
Exupère (1), qui n'avait pas besoin de son onction douce
et pieuse pour calmer une conscience sans alarmes. Dans
la soirée du mercredi, 25 décembre, le dernier des anciens s'endormit en paix du mystérieux sommeil, pour
aller rejoindre ce passé dont il était le plus respectable
représentant au milieu d'une génération nouvelle. Il avait
vécu comme un sage; sa mort, selon l'expression du poète,
fut véritablement *le soir d'un beau jour....*

Comment peindre l'anxiété dont tous les cœurs furent
saisis à ses derniers momens, le deuil général et la douleur profonde que provoqua une perte si grande? C'était
une si belle vie que celle qui venait de s'éteindre ! L'admiration publique qui l'avait suivi dans toute sa carrière, éclata sur son cercueil. Par une froide journée de
décembre, malgré les rigueurs de la saison, malgré la
neige abondante qui couvrait les chemins, un convoi
nombreux, composé de l'élite de la magistrature et de la
cité, de ses cliens, de ses amis et des pauvres, conduisit à
sa dernière demeure le Nestor du barreau, dont la vie fut
si longue d'années et si pleine de vertus, dont la mort ex-
citait de si justes douleurs. L'ordre entier des avocats, uni
dans l'attendrissement et la piété d'un même regret, as-
sista en corps à ses funérailles. Sur la tombe de cet illustre
prédécesseur, le bâtonnier déposa de solennels adieux (2).

____

(1) L'abbé Douarre.
(2) Discours prononcé par M. Decamps (d'Aurignac).

Ses confrères les plus aimés, éloquens interprètes de la douleur de tous, firent entendre des paroles dignes de lui, et l'honorèrent en s'honorant eux-mêmes (1). Enfin, un panégyriste, assez heureux pour l'avoir approché, acquitta une dette sacrée envers son ancien maître dans des pages pleines de vérité et de chaleur (2). Tant d'hommages trahissaient le vœu souvent exprimé par cet homme simple jusqu'après la mort : il voulait, avait-il dit naïvement, mourir en vacations, pour éviter à ses obsèques le retentissement et le bruit

Depuis, quatorze ans sont passés; et tous ceux qui ont connu Laviguerie, conservent encore sa mémoire avec amour, bonheur, reconnaissance; et la douce illustration que son nom rappelle n'a rien perdu de son modeste éclat. Un buste, celui-là même au pied duquel nous sommes réunis dans le recueillement de ces glorieux souvenirs, avait été voté à cet homme de bien. Jamais souscription ne fut plus vite ni mieux remplie. Chacun de nos chefs s'est empressé d'inaugurer cette image dans son cabinet, comme le dieu du Travail. La ville natale de Laviguerie a déjà donné à la rue qu'il habitait le nom qui, dans sa personne, menaçait de s'éteindre. Puisse-t-elle lui décerner bientôt sa place parmi les notabilités toulousaines, dans son vieux Capitole, temple de la Justice comme des Lettres et des Arts ! Je m'estimerais trop heureux si cette idée, confiée aux représentans de notre ordre dans le conseil de la cité, qui mieux que personne, sont capables de la féconder, devait hâter le moment où la vénération publique retrouvera Laviguerie entre Cujas et Furgole (3). Juriste éminent comme

(1) Articles nécrologiques de MM. Romiguières, Lassalle, Malpel....

(2) Notice historique sur M. Lapomarède de Laviguerie, par M. Tajan; Toulouse, 1830.

(3) Barrère de Vieusac, prononçant l'éloge de Furgole à la conférence de charité, quatorze ans après la mort de ce jurisconsulte, réclama et obtint l'inauguration de son buste dans notre salle des Illustres.

ces docteurs en crédit à l'école, s'il n'a pas, à leur exemple, tracé de profonds sillons dans la science, il l'a sanctifiée en quelque sorte par le mérite de ses vertus.

Un dernier trait doit compléter cet éloge. Une fortune honorable, mais très-modeste, fut l'héritage du jurisconsulte qui avait le plus long-temps travaillé, et qui vécut toujours avec une simplicité antique. Indépendant des richesses, Laviguerie négligea d'augmenter le patrimoine de ses ancêtres.

Cependant, rien ne serait resté des savans travaux de notre jurisconsulte, si un disciple, qui a su le comprendre, étudiant les notes éparses dans neuf volumes in-quarto, demeurés manuscrits, n'avait composé un livre sur ces riches collections que Laviguerie mit soixante-quinze années d'expérience et de pratique à recueillir (1). Là s'amassaient, là venaient s'enfouir les dissertations scientifiques où il ne manque que les développemens de la rédaction qui aurait lié tout l'ensemble, s'il les eût destinées à la publicité. Il se retrouvait au milieu de ces immenses annotations, au moyen d'une table alphabétique, succinctement raisonnée, qu'il plaçait à la fin de chaque volume. Si ces collections autographes avaient pu voir le jour, nul doute qu'elles n'eussent révélé un nom de plus à la science et au public ; et Laviguerie, décoré du titre d'auteur en jurisprudence, serait connu tout entier. Il faut regretter encore trois volumes in-folio et quinze volumes in-quarto, pleins de dissertations imprimées, dont nos révolutions législatives ont dévoré la plus grande partie. Ces travaux se rattachent en effet au droit féodal, aux matières bénéficiales, aux substitutions prohibées, à toute une législation abrogée ou à une vieille jurisprudence. Tant il est vrai que

---

(1) Arrêts inédits du parlement de Toulouse, publiés par M. Victor Fons, avec des annotations par M. Tajan ; Toulouse, 2 volumes in-8°.

l'œuvre éphémère du juriste est le travail de Pénélope ; elle se forme lentement, à force de veilles laborieuses, et souvent il faut détruire ce qu'on a fait d'abord, pour le refaire ensuite.

Quant au recueil des *Arrêts inédits,* c'est un ouvrage de saine doctrine, dont la place est marquée avec avantage au-dessus de nos arrêtistes les plus estimés, de Maynard, de d'Olive, de Cambolas, et de ce Catellan qui consacra cinquante-six années de sa vie au service de la magistrature. Ces décisions notables du second parlement de France acquièrent d'autant plus de prix sous sa plume, que l'auteur supplée au silence gardé à cette époque par les décisions judiciaires. Quoiqu'il ne recherchât pas la gloire du commentateur, et qu'il n'aspirât pas à laisser un ouvrage didactique, il nous a légué un livre utile, que la jeunesse surtout peut consulter avec fruit. Et, pour me borner à un seul exemple, n'est-il pas cité devant les tribunaux, en matière de servitude, comme le seul qui constate un changement important sur une grave question dans la jurisprudence parlementaire du ressort de Toulouse? Un grand nombre d'arrêts, compilés par Catellan, avaient établi, conformément à l'opinion de Serres et de Vedel, qu'il suffisait d'une possession immémoriale pour acquérir les servitudes discontinues. Plus de vingt arrêts postérieurs, tous réunis et commentés dans le recueil de Laviguerie, vinrent restreindre cette règle au cas où la possession est justifiée par une nécessité absolue....

Il faut le lire lui-même, pour juger de son immense érudition. Traités anciens, écrits récents, jurisprudence d'autrefois, jurisprudence nouvelle, il a tout compulsé, extrait, analysé. Le choix des matériaux est surtout remarquable : parmi les vieux glossateurs, les noms de Faber, de Dunod ; parmi les interprètes plus modernes, ceux de Pothier, de Furgole, se présentent à chaque page. Les premiers auteurs de nos jours, Merlin, Chabot, Delvincourt, Grenier, y sont mis à contribution. Seul, l'un des plus recommandables y brille, pour ainsi parler, par son absence. Chose extraordinaire ! C'est Toullier, dont l'oubli de la part de Laviguerie n'a pu être involontaire. On dit, en effet, qu'il était fortement prévenu contre son autorité. J'ai dû rechercher l'origine de cette prévention.

Vers 1810, le savant professeur de Rennes, commençant à publier le *Droit civil Français*, mit au jour deux volumes que peu d'entre nous, Messieurs, ont pu lire, et que Laviguerie s'empressa de parcourir. Ils lui parurent tellement faibles (et, en réalité, cette première édition était fort au-dessous des éditions postérieures), qu'il arrêta sa lecture aux deux premiers volumes, sans vouloir jamais la reprendre. On sait que, malgré les corrections et les amendemens considérables qu'il lui a fait subir, son livre des *Personnes* n'est pas le vrai titre de Toullier à la gloire ; et chacun de nous a présent à l'esprit le souvenir de la lutte malheureuse que, dans son discours préliminaire, il a essayé de soutenir contre la philosophie de l'*Esprit des Lois*. Mais, quel chef-d'œuvre que son traité sur les *Obligations* ! Et combien, si Laviguerie l'eût connu, il aurait modifié une opinion trop légèrement formée à l'endroit du Pothier moderne ! Il est à regretter que cette préoccupation défavorable l'ait empêché d'enrichir, par de nouveaux emprunts, les deux modestes volumes qui seuls ont survécu à ce rare esprit, dont le nom vivra long-temps au milieu de nous, entouré d'admiration, de respect et de reconnaissance.

Messieurs, c'est au spectacle d'un pareil modèle que les enseignemens doivent être féconds et la leçon utile. Si je ne me trompe, je viens de rendre un sincère hommage à la vertu distinctive des esprits délicats et des âmes privilégiées, à la MODÉRATION. Au milieu de tant de belles actions qui parlent assez haut d'elles-mêmes, il y a dans la modeste destinée de Laviguerie un mérite trop inapprécié de nos jours, celui d'un caractère assez fort pour être constamment modéré. L'exemple est bon à rappeler à une époque d'effervescence générale où l'inquiétude des prétentions tourmente sans cesse les esprits par des désirs sans espoir, et les porte à s'élancer, avec une impatiente ardeur, hors de leur sphère, vers un rang plus élevé. Si le bonheur est le but que tous nous voulons atteindre, prenons plutôt pour guide au barreau un de ces hommes qui n'ont voulu être que ce qu'ils ont été, et qui se tiennent à cette hauteur moyenne de célébrité, où s'endort en nous l'ambition, où ailleurs ne s'éveille pas l'envie. Le secret, si peu connu, de rendre sa vie heureuse, c'est peut-être de la faire, comme je l'ai si longuement raconté, simple à soi-même, utile aux autres. Sans doute, ce ne sera pas le plus souvent la route des honneurs ni celle de la gloire ; rarement y marcherons-nous à la fortune : mais qu'importe, si nous y rencontrons toujours le bonheur, dans cette mesure qu'il est permis à l'homme de trouver ici-bas! Laissez-moi le dire, Messieurs, elle est belle entre toutes les carrières que la noblesse des principes distingue dans notre ordre social, celle où le savant compatriote que nous honorons, durant les trois-quarts d'un siècle, a placé toute sa gloire et borné ses désirs. Chacun de nous doit être fier de lui appartenir; car les études qu'elle exige conduisent à l'accroissement de la moralité et de l'intelligence ; car les premiers devoirs qu'elle impose demandent un noble cœur et un esprit éclairé pour les accomplir. Dans le passage de la vie, l'exercice de cette profession aide à conquérir un nom sans tache, et à laisser après soi le souvenir populaire de quelques vertus. De toutes les illustrations, celle-là est la plus douce et la plus vraie, qui permet de faire le bien long-temps après avoir cessé de vivre : elle demeurera acquise à la mémoire de notre Laviguerie. C'est le plus beau des héritages : Messieurs, pour nous montrer reconnaissans envers celui qui nous l'a légué, soyons d'abord, soyons surtout, heureux et dignes de l'avoir recueilli.

FIN.

Toulouse, Impr. d'Aug. De Labouïsse-Rochefort.